权威·前沿·原创

皮书系列为
“十二五”“十三五”国家重点图书出版规划项目

BLUE BOOK

智库成果出版与传播平台

产业安全蓝皮书

BLUE BOOK OF
INDUSTRIAL SECURITY

中国文化产业安全报告（2019）

ANNUAL REPORT ON CHINA'S CULTURAL INDUSTRIAL SECURITY (2019)

北京文化产业与出版传媒研究基地／研创
主　编／王关义
副主编／李治堂　付海燕　佟　东

社会科学文献出版社
SOCIAL SCIENCES ACADEMIC PRESS (CHINA)

图书在版编目(CIP)数据

中国文化产业安全报告.2019 / 王关义主编. -- 北京：社会科学文献出版社，2020.9
（产业安全蓝皮书）
ISBN 978-7-5201-6308-8

Ⅰ.①中… Ⅱ.①王… Ⅲ.①文化产业-安全-研究报告-中国-2019 Ⅳ.①G124

中国版本图书馆 CIP 数据核字（2020）第 028853 号

产业安全蓝皮书
中国文化产业安全报告（2019）

主　　编／王关义
副 主 编／李治堂　付海燕　佟　东

出 版 人／谢寿光
组稿编辑／周　丽
责任编辑／王玉山
文稿编辑／刘　燕

出　　版／社会科学文献出版社·城市和绿色发展分社（010）59367143
地址：北京市北三环中路甲 29 号院华龙大厦　邮编：100029
网址：www.ssap.com.cn
发　　行／市场营销中心（010）59367081　59367083
印　　装／三河市东方印刷有限公司

规　　格／开 本：787mm × 1092mm　1/16
印 张：11.5　字 数：148 千字
版　　次／2020 年 9 月第 1 版　2020 年 9 月第 1 次印刷
书　　号／ISBN 978-7-5201-6308-8
定　　价／128.00 元

《中国文化产业安全报告（2019）》
编　委　会

主要编撰者简介

王关义　北京印刷学院副校长，二级教授，管理学博士，博士生导师；先后在兰州大学、汕头大学等高校任教；曾被共青团中央和国家教委选拔为优秀青年教育工作者公派赴日本留学访问，被北京市委组织部派赴内蒙古武川县挂职任县委常委、县人民政府副县长。先后获得全国新闻出版行业领军人才、首届北京新闻出版行业领军人才、北京市拔尖创新人才、北京市教学名师、北京市长城学者、北京高校育人标兵、北京市级优秀教学团队带头人、首都教育先锋集体带头人等荣誉，曾被广东省人民政府授予“南粤教书育人优秀教师”称号。

李治堂　北京印刷学院经济管理学院教授，管理学博士，硕士生导师。现任经济管理学院院长。1991 年毕业于华中理工大学（现华中科技大学）经济管理学院数量经济学专业，获经济学学士学位；1997 年毕业于北京机械工业学院（现北京信息科技大学）工商管理分院管理工程专业，获工学硕士学位；2007 年毕业于清华大学经济管理学院工商管理专业，获管理学博士学位。2005 年入选北京市中青年骨干教师，先后获得学校教学名师奖、雅昌教育奖。《中国印刷业发展研究报告》获教育部高等学校科学研究优秀成果奖（经济著作类）三等奖。主要研究方向为公司财务与绩效评估、传媒产业经济、印刷产业发展。

付海燕　北京印刷学院科研处副处长，经济管理学院教授，统计学博士，硕士生导师。2000 年毕业于山西大同大学数学系，获理学学士学位；2003年毕业于山西财经大学经济学院统计学专业，获经济学硕士学位；2013年毕业于中国人民大学统计学院统计学专业，获经济学博士学位。参与或主持国家社科基金、科技部、商务部、北京社科规划办、北京市教委、北京市组织部课题十余项，参与出版著作、教材9部。主要研究方向为传媒产业分析、对外经济分析。

佟　东　北京印刷学院经济管理学院讲师，传媒经济学与管理、工商管理、会计专业硕士生导师，理论经济学博士，应用经济学博士后。2005年，毕业于东北财经大学国际经济与贸易专业，获经济学学士学位；2007年，毕业于云南财经大学世界经济专业，获经济学硕士学位；2011年，毕业于辽宁大学世界经济专业，获经济学博士学位；2011～2013年，在北京交通大学从事博士后科研工作。主要研究方向为文化贸易、文化产业发展、文化软实力、创意创新管理等。

摘　要

文化产业安全是文化产业发展的基础，是保障文化产业可持续发展、保证国家文化安全的内在要求。随着经济的发展，文化产业在国民经济中的重要性与日俱增，文化产业的文化属性和产业属性决定了其在国家战略安全方面的重要影响，也决定了文化产业安全的重要作用。

本报告以年度报告的形式系统分析和全面阐述了中国文化产业安全的状况，运用产业经济学的理论，采用统计分析的方法就文化产业发展态势对文化产业安全的影响进行专项分析和探究，并提出相应的对策和建议。本报告的数据通过国家统计年鉴和地方统计年鉴获得，数据可靠，数据的范围承续了上一年度报告的数据统计，并延伸至2018 年 12 月，能够完整体现本年度文化产业安全的发展态势，从而为文化产业的发展提出可供参考的战略规划。

本报告分为总报告、专题篇和案例篇三部分。总报告从文化产业安全的国内环境、文化产业的对外依存度、文化产业的竞争力和文化产业的外资控制力四个方面对 2018 ~ 2019 年度中国文化产业安全的现状进行了分析。

本报告的第二部分是专题篇，探讨新闻出版业、游戏产业和民族体育文化产业的产业安全等问题。在对新闻出版业的分析中，利用联合国商品贸易数据库中的相关数据，从贸易总额、贸易结构、贸易区域三个角度分析了我国对东盟地区的出版物出口贸易现状，发现我国对东盟地区的出版物出口贸易存在贸易结构和贸易区域不平衡等问题，并进一步分析了问题产生的原因。在对游戏产业的分析中，结合调查问卷，从游戏简介、游戏产业、游戏对受众的影响以及其对文化产业安全的影响四个方面展开论述，分析了调查报告的结果，全面论述了游戏产业与文化产业的关系以及目前的形势和发展趋势。在对民族体育文化产业的分析中，指出民族体育文化作为传统文化的一部分，对于正处于从文化大国向文化强国转变进程中的我国而言，其产业化程度及安全显得尤为重要，在全球化背景下，应保有自身个性，提升竞争力，进而促进国家整体的经济发展。

本报告的第三部分是案例篇，分析了老年休闲文化产业发展、文化产业发展的立法、文创产品的开发等问题。以北京市为例，为适应未来不断变化的老年休闲需求，必须重视老年休闲空间和休闲设施规划工作，建立以需求为导向的老年休闲空间与休闲设施规划机制，全力拓展社区休闲空间、全面开发社区休闲功能。以浙江省为例，在认真检视和提取既有立法文本中的积极成分和规律性内容，合理评析和把握各地方立法文本在规范设计及其应用中的实效与缺憾的情况下，《浙江省文化产业促进条例》应当既有执行性又有自主性，科学合理地设置浙江省文化产业在文化资源、人才、资金、科学技术、市场发育、园区条件、创意形象、财政税收以及产业监管、市场规制等方面的支持要素，建构比较完整的文化产业价值链条、激励与约束机制、监督与评价机制。在立法目的上，应更加明确地规定核心价值观、文化繁荣、市场效益等多重目标；在法律原则上，需要既体现文化法的一般要求，又要结合文化产业特色，突出产业保障的导向与促进要素的完备；在法律制度上，应更切合现代产业融合发展特征、保障公民文化权利和企业自主权利、强化政府监管职责和保障义务、完善问责机制。以台北“故宫博物院”为例，结合台北“故宫博物院”多年文化创意事业的发展经验，探索我国博物馆文创产品的发展路径，希望有助于我国其他区域博物馆文创产品的研发设计和博物馆文化创意产业的成长。

本报告秉持着为各类文化产业领域的从业人员、文化产业的管理机构和相关专业的大中专学生提供优质内容的理念，强调高品质、大视野、多视角，将文化产业政策分析和文化产业安全动态研究紧密结合，具有专业性和综合性等特点。

关键词： 文化产业　产业安全　“一带一路”

目 录

Ⅰ 总报告

Ⅱ 专题篇

Ⅲ 案例篇

总 报 告

General Report

B.1 2018~2019年中国文化产业安全基本情况

佟 东*

摘 要： 文化产业已成为国民经济支柱产业，在"一带一路"倡议和经济全球化趋势下，文化产业安全面临来自国内、国外的机遇与挑战。总报告从文化产业安全考量的四个维度，即文化产业安全的国内环境、文化产业的对外依存度、文化产业的竞争力和文化产业的外资控制力，对2018~2019年中国文化产业安全的基本情况进行总体分析，并判断中国文化产业安全的状态。

关键词： 文化产业 产业安全 对外依存 外资控制

* 佟东，北京印刷学院经济管理学院讲师、硕士生导师，理论经济学博士，应用经济学博士后，北京文化产业与出版传媒研究基地科研人员。

一　文化产业安全的国内环境

文化产业安全的国内环境包括文化产业政策、文化产业吸引就业能力、文化产业资本积累能力、文化产业融资环境、文化产业人才、文化产业产值等六个方面。

1. 文化产业政策

文化产业国内环境涉及方面多而广，而其中最重要的一个方面就是国家的文化产业政策。文化产业政策对维护文化产业安全起到重要的作用。从文化产业政策与文化产业安全的关系图（见图1）可以看出，文化产业政策包括文化改革政策、文化发展政策、文化促进政策、文化支持政策和文化推进政策。一方面，文化产业政策的颁布有利于文化产业发展和繁荣，也有利于维护文化产业安全；另一方面，从文化产业政策实施的效果来看，如果实施效果良好且达到了政策出台的预期目的，则该政策有利于维护文化产业安全，反之，如果文化

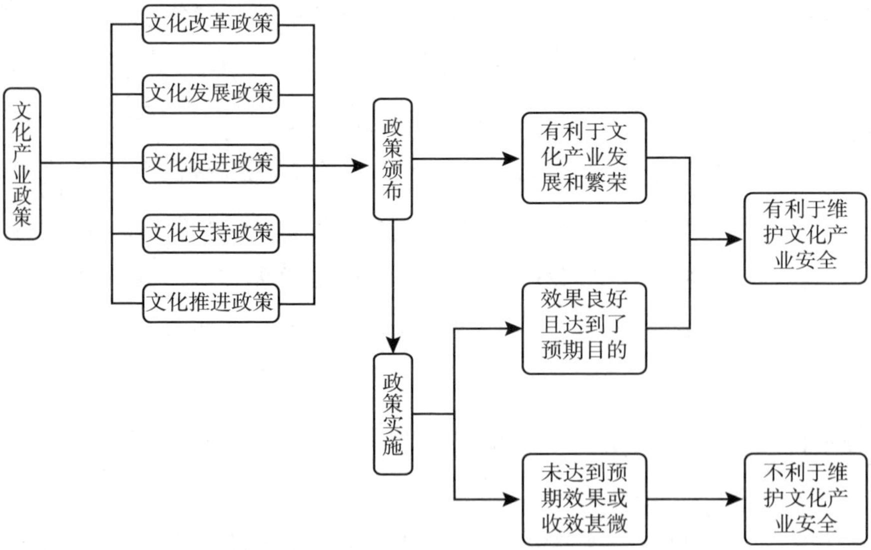

图1　文化产业政策与文化产业安全的关系

产业政策未达到预期效果或收效甚微，则不利于维护文化产业安全。

2018 ~2019 年中共中央、国务院和北京市出台了多项文化产业政策，对维护文化产业安全产生了积极的作用（见表 1）。2018 年以来，中共中央、国务院出台了文化及相关产业政策 5 项，北京市委、市政府出台了文化及相关产业政策 11 项。这些政策的出台对促进文化产业发展、维护文化产业安全起到了重要的作用。

表 1　2018 ~2019 年新出台文化产业政策

发文机构	发文时间	文件名称	文件主要内容
中共中央、国务院	2019 -2 -18	《粤港澳大湾区发展规划纲要》	在第八章“建设宜居宜业宜游的优质生活圈”中,《纲要》提出,坚持以人民为中心的发展思想,积极拓展粤港澳大湾区在教育、文化、旅游、社会保障等领域的合作,共同打造公共服务优质、宜居宜业宜游的优质生活圈。支持香港通过国际影视展、香港书展和设计营商周等具有国际影响力的活动,汇聚创意人才,巩固创意之都地位
国务院办公厅	2019 -1 -14	《国务院办公厅关于深入开展消费扶贫助力打赢脱贫攻坚战的指导意见》 国办发〔2018〕129 号	大力促进贫困地区休闲农业和乡村旅游提质升级。加大基础设施建设力度。提升服务能力。做好规划设计。加强对贫困地区休闲农业和乡村旅游资源调查,深入挖掘贫困地区自然生态、历史文化、地域特色文化、民族民俗文化、传统农耕文化等资源,因地制宜明确重点发展方向和区域。动员旅游规划设计单位开展扶贫公益行动,为贫困地区编制休闲农业和乡村旅游规划,鼓励旅游院校和旅游企业为贫困地区提供旅游线路设计、产品开发、品牌宣传等指导。同时加强宣传推介,开展多种形式的旅游扶贫公益宣传,集中推介一批贫困地区休闲农业和乡村旅游精品目的地

续表

发文机构	发文时间	文件名称	文件主要内容
国务院办公厅	2018－12－21	《国务院办公厅关于加快发展体育竞赛表演产业的指导意见》 国办发〔2018〕21号	提出到2025年,体育竞赛表演产业总规模达到2万亿元,推出100项具有较大知名度的体育精品赛事,打造100个具有自主知识产权的体育竞赛表演品牌,基本形成产品丰富、结构合理、基础扎实、发展均衡的体育竞赛表演产业体系。还明确提出要促进体育竞赛表演产业与文化和旅游、娱乐等相关产业深度融合
国务院办公厅	2018－03－22	《国务院办公厅关于促进全域旅游发展的指导意见》 国办发〔2018〕15号	《意见》强调,要全面贯彻党的十九大精神,以习近平新时代中国特色社会主义思想为指导,加快旅游供给侧结构性改革,着力推动旅游业从门票经济向产业经济转变,从粗放低效方式向精细高效方式转变,从封闭的旅游自循环向开放的"旅游＋"转变,从企业单打独享向社会共建共享转变,从景区内部管理向全面依法治理转变,从部门行为向政府统筹推进转变,从单一景点景区建设向综合目的地服务转变。《意见》提出,推动旅游与科技、教育、文化、卫生、体育融合发展。科学利用传统村落、文物遗迹及博物馆、纪念馆、美术馆、艺术馆、世界文化遗产、非物质文化遗产展示馆等文化场所开展文化、文物旅游,推动剧场、演艺、游乐、动漫等产业与旅游业融合开展文化体验旅游
国务院	2019－02－22	《国务院关于全面推进北京市服务业扩大开放综合试点工作方案的批复》 国函〔2019〕16号	方案提出要做好政治中心、文化中心、国际交往中心、科技创新中心、金融管理中心等几个中心建设,推进京津冀协同发展,构筑区域协同开放新格局,同时加强北京城市副中心政策集成,打造服务业扩大开放综合试点先导区,提升生活性服务业品质,服务国际一流和谐宜居之都建设,对标国际先进规则,打造一流营商环境

续表

发文机构	发文时间	文件名称	文件主要内容
国务院	2019－02－22	《国务院关于全面推进北京市服务业扩大开放综合试点工作方案的批复》 国函〔2019〕16号	为提升文化软实力和国际影响力，方案明确，将推进文化行业扩大对外开放
中共北京市委办公厅、北京市人民政府办公厅	2019－02－21	《关于推动北京影视业繁荣发展的实施意见》	《实施意见》是北京市构建“1＋N＋X”文化产业政策体系中的重要组成部分，共包括总体要求、重点工作、保障措施三个部分，着力构建促进影视业高质量发展的长效机制，推动影视业产业链转型升级。《实施意见》明确，到2020年，北京影视业全国领先地位更加巩固，涌现出更多骨干龙头企业和有筋骨、有道德、有温度的影视精品，产业布局更趋合理，市场竞争力、创新驱动力、文化辐射力显著增强，成为支撑北京高质量发展、壮大高精尖产业的重要引擎，推动北京成为具有国际影响力和首都特色的影视之都
北京市人民代表大会	2019－01－20	《北京市非物质文化遗产条例》	作为特大城市，北京的经济社会发展迅速，非遗所依存的人文和自然生态环境更易受到影响和破坏；人口快速流动，信息获取渠道极大丰富，一些非遗受众持续减少；生活成本高，传承缺乏场地，学徒收入低，“没人、没钱、没销路”是传承人普遍面临的问题。《北京市非物质文化遗产条例》着力加大扶持力度，为解决这些问题提供法律依据
北京市人民政府办公厅	2019－01－02	《北京市服务贸易创新发展试点工作实施方案》	要构建立体、高效、覆盖面广、功能强大的国际传播网络，大力培育以数字化产品、网络化传播、个性化服务为核心的网络视听新业态。重点发展文化信息、创意设计、游戏和动漫版权等文化贸易，推动以

续表

发文机构	发文时间	文件名称	文件主要内容
北京市人民政府办公厅	2019－01－02	《北京市服务贸易创新发展试点工作实施方案》	数字技术为支撑、高端服务为先导的"文化＋"整体出口。鼓励推进多语言翻译等技术应用，支持原创游戏产品出口。打造全球文化艺术展示交流交易平台、国际文化贸易跨境电子商务平台等交流合作平台，拓宽文化"走出去"渠道。支持对外文化推广，实施"魅力北京"、"欢乐春节"、"中华文化世界行·感知北京"、北京优秀影视剧海外展播季等项目。积极参与海外中国文化中心建设，有序引进外国优秀文化成果
北京市大兴区人民政府	2018－12－20	《大兴区促进文化创意产业发展暂行办法》	指出支持的文化创意产业企业参照北京市文化创意产业分类执行，以数字内容、设计服务、影视制作等文化创意产业领域为重点，包括文化创意产业集聚区建设项目；文化创意产业重点及优秀企业；文化创意产业专业楼宇及孵化器；文化创意产业公共技术、服务平台；文化创意产业聚集的高端人才；文化与科技、金融、旅游等产业融合发展项目；重大文化创意产业活动等
北京市人民政府办公厅	2018－12－03	《关于推动北京老字号传承发展的意见》	提出实施老字号固本强基、文化弘扬、品牌保护、创新发展、改革增效五大工程，5年内，将认定100名北京老字号工匠，经营规模超过10亿元的老字号企业达到20家以上
中共北京市委、北京市人民政府	2018－08－30	《促进城市南部地区加快发展行动计划（2018—2020年）》	这已是北京第三轮城南三年行动计划。新一轮城南行动，将在丰台区、房山区、大兴区和北京经济技术开发区实施，聚焦"一轴、两廊、两带、多点"，其中包括"南中轴生态文化发展轴、西山永定河文化带（南段）"等与文化相关的内容。南中轴生态文化发展轴方面，《行动计划》提出要严格规划管控，强化战略留白，为新时代首都功能发展留下空间。

续表

发文机构	发文时间	文件名称	文件主要内容
中共北京市委、北京市人民政府	2018－08－30	《促进城市南部地区加快发展行动计划(2018—2020年)》	形成贯穿中心城区、南苑—大红门、北京新机场的生态文化发展轴 在西山永定河文化带(南段)方面,《行动计划》提出加强文化遗产保护、挖掘与展示,提升房山国际文化休闲旅游功能与永定河生态文化功能,高质量打造蓝绿交织、文化交融的首都西南部文化展示与休闲度假功能区
北京市人民政府办公厅	2018－07－06	《关于支持实体书店发展的实施意见》	北京市将采取多项有力措施,大力推动实体书店建设发展。预计到2020年,北京市所属16区,每区保证有一家具有综合文化服务功能、在本区域内具有文化地标声誉的大型书城;在重点街区、人口密集区和新建居民区,以及企事业单位集中的科技园区和工业园区建设(包括改造和新建)200家标志性特色书店。特别鼓励在繁华街道等重点区域的明显位置引入特色书店,支持这些特色书店“露出来、亮起来”。同时,以社区书店为抓手,打造15分钟公共阅读服务体系,鼓励国有和社会资本与社区图书馆开展合作,利用现有资源创建新型阅读空间
中共北京市委、北京市人民政府	2018－06－21	《关于推进文化创意产业创新发展的意见》	围绕建设充满人文关怀、人文风采和文化魅力的中国特色社会主义先进文化之都,培育一批世界知名文化团体和创意人才,推出一批有深远影响力的文艺原创精品,形成一批有示范引领作用的行业龙头企业,建成一批有核心竞争力的产业集聚区,打造一批展现中国文化自信和首都文化魅力的文化品牌,构建统一开放、要素集聚、竞争有序的现代文化市场体系,使文化创意产业发展结构更趋合理、文化创新引领作用更为突出,建成市场竞争力强、创新驱动力足、文化辐射力广的文化创意产业引领区

续表

发文机构	发文时间	文件名称	文件主要内容
中共北京市委、北京市人民政府	2018－06－20	《关于加快市级文化创意产业示范园区建设发展的意见》	坚持高标准、严要求、少而精的原则，到2020年，在全市范围内推动形成一批企业发展良好、产业特色鲜明、社会效益和经济效益显著的示范园区，对全市园区发展起到突出的示范带动作用：重点在健全管理服务体系、提升园区核心竞争力上做好示范，在构建完善产业链条、促进上下游企业合作上做好示范，在提升融合发展水平、多出原创文化精品上做好示范，在推动产业结构调整、促进园区转型升级上做好示范，在促进非首都功能疏解、推动京津冀协同发展上做好示范。通过示范园区建设，带动提升全市园区整体发展质量和内含，促进文化创意产业空间布局优化，辐射带动京津冀产业一体化发展，产业规模化、集约化、专业化水平大幅提高，为文化创意产业引领区建设提供强大支撑
北京市人民政府	2018－04－02	《北京市人民政府关于扩大对外开放提高利用外资水平的意见》 京政发〔2018〕12号	允许外商在特定区域（北京国家音乐产业基地、中国北京出版创意产业园区、北京国家数字出版基地）投资音像制品制作业务；允许外商在文化娱乐业聚集的特定区域投资设立演出场所经营单位、娱乐场所，不设投资比例限制。鼓励外商投资旅游业，参与商业性旅游景区（景点）开发建设，投资旅游商品和设施；支持在我国境内合法设立的外国机构、外商投资企业按照相关法律法规在京设立外籍人员子女学校；允许符合条件的国外研发药品在京开展临床试验；鼓励外商投资企业在京设立营利性养老机构、医养结合服务机构、社区养老服务驿站、专业护理服务机构，提供多元化养老服务

续表

发文机构	发文时间	文件名称	文件主要内容
北京市人民政府办公厅	2018－03－16	《北京市人民政府办公厅关于加强传统村落保护发展的指导意见》 京政办发〔2018〕7号	经过各方努力，使传统村落及其文化遗产得到有效保护，具备较好的生产生活条件、较为全面的防灾减灾设施、较为完善的保护管理机制，保持好传统风貌和地域文化特色，成为宜居、宜业、宜游的美丽乡村。完善传统村落名录、加强生态环境及山水格局保护、加强传统建筑保护、加强历史环境要素保护、加强传统村落规划和项目组织实施、提升基础设施和公共服务设施水平、拓展发展空间和改善居住条件、培育特色产业、加强展示利用和弘扬传统文化

资料来源：根据文化产业政策库（http：//www. ce. cn/culture/zck/）资料整理。

2. 文化产业吸引就业能力

从就业人员数量就可以看出，文化产业吸引就业人数越多，说明文化产业发展越繁荣，对国民经济发展的促进作用也就越大，文化产业也在不断向着更好的方向发展。同时也可以看出，文化产业就业人数占比越高，越有利于维护文化产业安全。图2为文化产业吸引就业能力与文化产业安全的关系图。

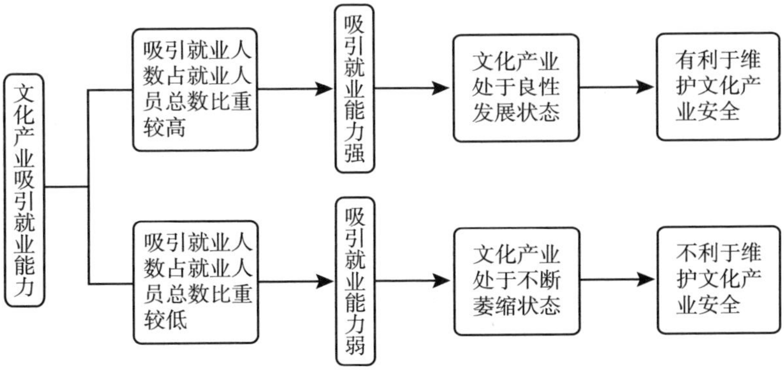

图2　文化产业吸引就业能力与文化产业安全的关系

随着国家进一步的重视和强调以及一系列有关扶持政策的出台，中国文化产业的发展进程明显加快，取得的成绩令人瞩目。但文化产业在快速发展的同时也暴露出一些突出问题，中国文化产业发展只反映出量的增长，而内涵式发展明显不足。

文化产业就业人数占就业人员总数比重的计算公式为：

$$\text{文化产业就业人数占就业人员总数比重} = \frac{\text{文化产业就业人数}}{\text{就业人员总数}} \times 100\%$$

2005 年以来，文化产业就业人数在就业人员总数中所占的比重越来越高，由 2005 年的 0.164% 上升到 2017 年的 0.196%，总体呈上升趋势，尽管 2006 年和 2014 年出现小幅降低，分别较上一年降低了 0.001 个百分点和 0.003 个百分点（见表 2），但可以看出文化产业吸引就业的能力总体在提升，这有利于维护文化产业安全。

表 2　2005 ~ 2017 年文化产业吸引就业能力

单位：万人，%

年份	文化产业就业人数	就业人员总数	比重
2005	122.5	74647	0.164
2006	122.4	74978	0.163
2007	125.0	75321	0.166
2008	126.0	75564	0.167
2009	129.5	75828	0.171
2010	131.4	76105	0.173
2011	135.0	76420	0.177
2012	137.7	76704	0.180
2013	147.0	76977	0.191
2014	145.5	77253	0.188

续表

年份	文化产业就业人数	就业人员总数	比重
2015	149.1	77451	0.193
2016	150.8	77603	0.194
2017	152.2	77640	0.196

资料来源：表中数据来自《中国统计年鉴》，表中“文化产业就业人数”为《中国统计年鉴》中的“文化、体育和娱乐业城镇单位从业人员数”，“就业人员总数”为《中国统计年鉴》中的“就业人员合计”。

3. 文化产业资本积累能力

近年来，我国对文化产业的支持力度不断加大，尤其是以《文化产业振兴规划》为代表的一系列政策的出台，有力地推动了我国文化产业的快速发展。在此背景下，我国文化产业的固定资产投资增长速度也很快。图3为文化产业资本积累能力与文化产业安全关系图。

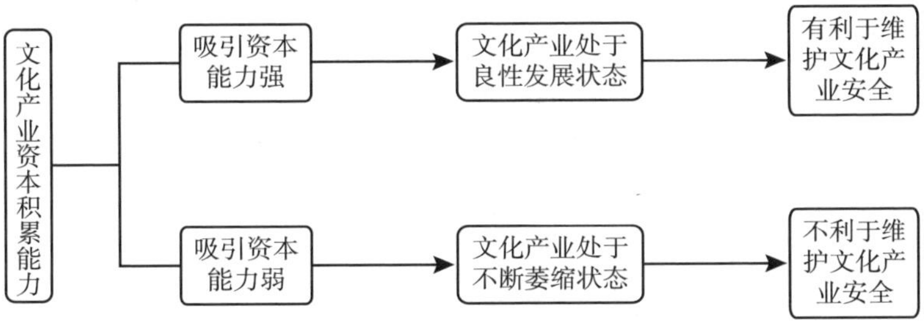

图3　文化产业资本积累能力与文化产业安全的关系

文化产业固定资产投资增长率的计算公式为：

$$\text{文化产业固定资产投资增长率} = \frac{\text{当年固定资产投资额} - \text{上年固定资产投资额}}{\text{上年固定资产投资额}} \times 100\%$$

2005年以来，我国文化产业固定资产投资额不断增加，投资规模不断扩大。固定资产投资额由2005年的857.0亿元增加到2017年的8734.8亿元，其中增幅最大的为2009年，同比增长49.91%，增幅最小的为2011年，同比增长6.85%（见表3）。这说明，我国为促进文化产业发展，大量的固定资产投资被应用于相关产业。这对促进文化产业繁荣，维护文化产业安全是有益的。文化产业固定资产投资额越多，投资增长率越高，对维护文化产业发展安全越有利。因此，文化产业固定资产投资额的增加有利于维护文化产业安全。

表3　2005~2017年文化产业固定资产投资额增长率

单位：亿元，%

年份	文化产业固定资产投资额	增长率
2005	857.0	—
2006	955.4	11.48
2007	1243.4	30.14
2008	1589.9	27.87
2009	2383.4	49.91
2010	2959.4	24.17
2011	3162.0	6.85
2012	4271.3	35.08
2013	5231.1	22.47
2014	6178.4	18.11
2015	6728.3	8.90
2016	7834.2	16.44
2017	8734.8	11.50

资料来源：表中数据来自《中国统计年鉴》，表中“文化产业固定资产投资额”为《中国统计年鉴》中的“文化、体育和娱乐业固定资产投资”。

4. 文化产业融资环境

文化产业的生存和发展必须有一个可持续的、高质量的“资金链”，而文化产业发展的资本成本高低、资本效率高低对文化产业的发展安全和生存安全起着决定性作用。

文化产业融资环境由三级指标资本效率和资本成本构成。如果文化产业的资本效率低下，将不利于文化产业的生存。评价资本效率，也可以先从货币供应量的增长速度、货币供应量以及贷款发放增长速度、贷款发放数量，来判断和推演文化产业发展所处金融大环境下的市场资金宽松状态。资本效率可以根据企业进入股票市场的难易程度、获得银行信贷的难易程度以及高科技企业获得风险资本的难易程度来衡量。企业的生存和发展同样需要资本的支持，无论是从外部获得资本，还是依靠内部积累，无论是通过资本市场发行债券或股票，还是通过银行贷款，都存在一个资本成本的问题。如果资本成本太高，会使原本有竞争力的企业背上沉重的负担，影响文化产业的生存。资本成本可以以短期实际利率来衡量。[①] 图4反映的是文化产业融资环境与文化产业安全的关系。

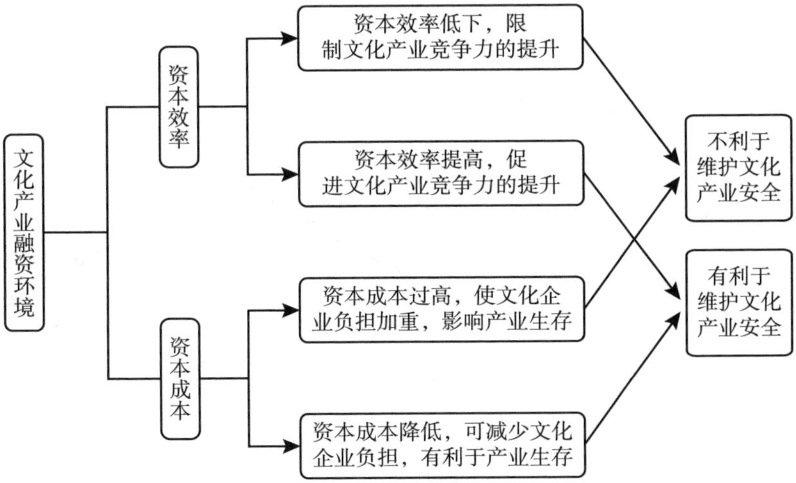

图4　文化产业融资环境与文化产业安全的关系

① 何维达、宋胜洲等：《开放市场下的产业安全与政府规制》，江西人民出版社，2003，第102页。

2006 年以来，金融机构法定贷款利率多次调整，六个月贷款利率和一年期贷款利率均呈现两次波动性调整（见图 5）。第一次波动性调整出现在 2006 ~ 2008 年，这次调整中贷款利率调整的波峰出现在 2007 年 12 月 21 日，六个月贷款利率调升至 6.57%，一年期贷款利率调升至 7.47%，此后一直调减，波谷出现在 2008 年 12 月 23 日，六个月贷款利率调减至 4.86%，一年期贷款利率调减至 5.31%。第二次波动性调整出现在 2009 年以后，这次调整中贷款利率调整的波峰出现在 2011 年 7 月 7 日，六个月贷款利率调升至 6.10%，一年期贷款利率调升至 6.56%，此后一直调减，波谷出现在 2015 年 10 月 24 日，六个月贷款利率调减至 4.35%，一年期贷款利率调减至 4.35%，此后，这一贷款利率水平一直延续到现在（数据截至 2019 年 4 月）（见表4）。

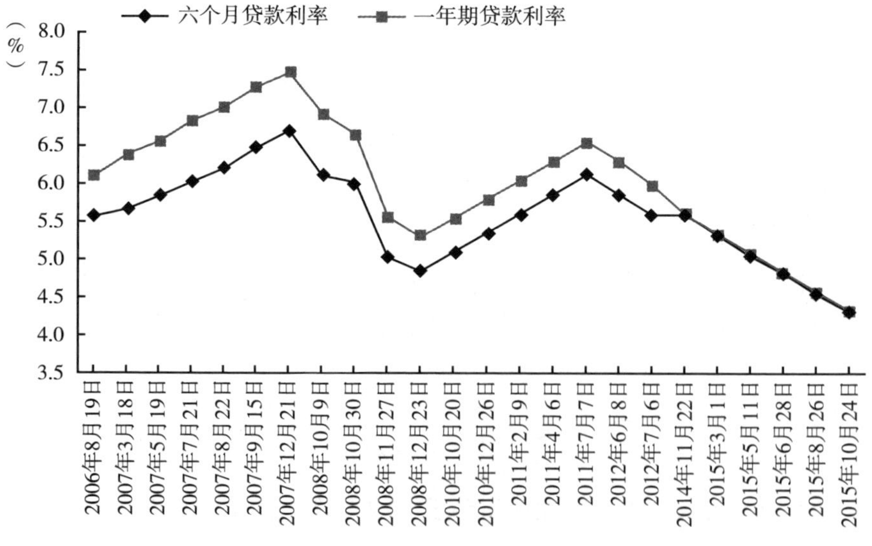

图 5　2006 年 8 月 19 日以来金融机构法定贷款利率变化趋势

表4　2006年8月19日以来金融机构法定贷款利率

单位：%

时间	六个月贷款利率	一年期贷款利率
2006-08-19	5.58	6.12
2007-03-18	5.67	6.39
2007-05-19	5.85	6.57
2007-07-21	6.03	6.84
2007-08-22	6.21	7.02
2007-09-15	6.48	7.29
2007-12-21	6.57	7.47
2008-10-09	6.12	6.93
2008-10-30	6.03	6.66
2008-11-27	5.04	5.58
2008-12-23	4.86	5.31
2010-10-20	5.10	5.56
2010-12-26	5.35	5.81
2011-02-09	5.60	6.06
2011-04-06	5.85	6.31
2011-07-07	6.10	6.56
2012-06-08	5.85	6.31
2012-07-06	5.60	6.00
2014-11-22	5.60	5.60
2015-03-01	5.35	5.35
2015-05-11	5.10	5.10
2015-06-28	4.85	4.85
2015-08-26	4.60	4.60
2015-10-24	4.35	4.35

注：2015年10月24日以来金融机构法定贷款利率未做调整（数据截至2019年4月）。

资料来源：《中国统计年鉴》。

5. 文化产业人才

我国由于缺乏具有创新意识并能与国际接轨的高端文化人才，并且文化技术自主研发能力不高，文化产业发展长期停留在相对低端、容易开发的外围层和相关层，如文化旅游业、文化制造业、文化复制业、视听设备生产等。在一些地区，外围层和相关层文化产业甚至占当地文化产业增加值的80%以上，而涉及文化产业核心层的文化内容产业则相对较弱，创造的产值较低。图6反映的是文化产业人才与文化产业安全的关系。

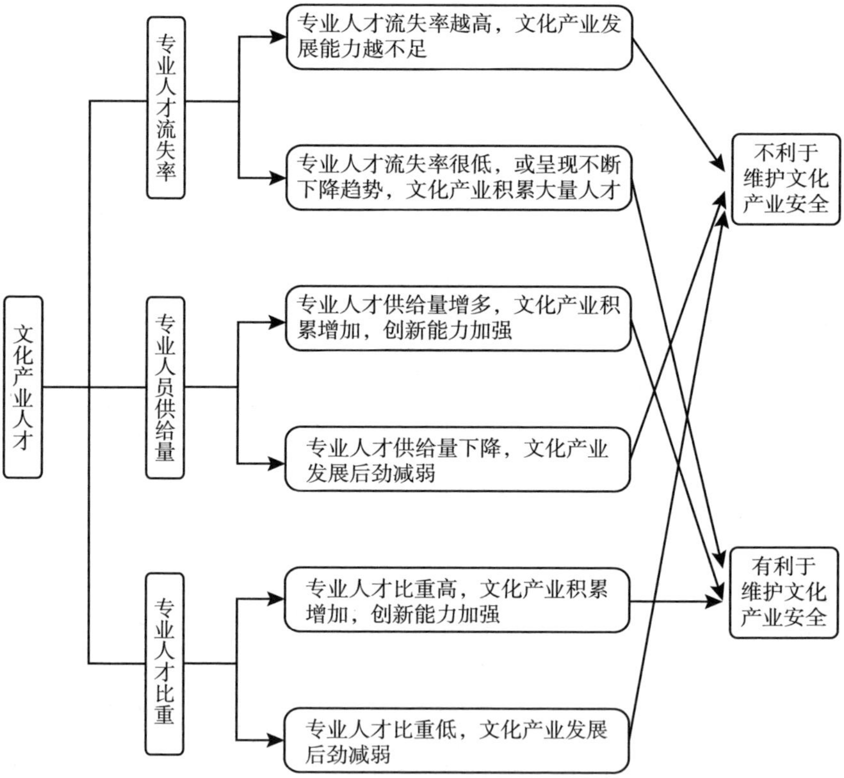

图6　文化产业人才与文化产业安全的关系

6. 文化产业产值

从我国文化产业近几年的发展态势来看，其发展潜力巨大。参照美日韩等发达国家的情况，我国文化产业的发展仍处于初级阶段。美国版权产业产值占 GDP 的 24%，是第一大出口产业，日本的文化产业产值占 GDP 的比重超过 10%，韩国的文化产业产值占 GDP 的比重也超过 7%，而我国文化产业产值占 GDP 的比重 2017 年才达到 4.20%。图 7 反映的是文化产业产值与文化产业安全的关系。

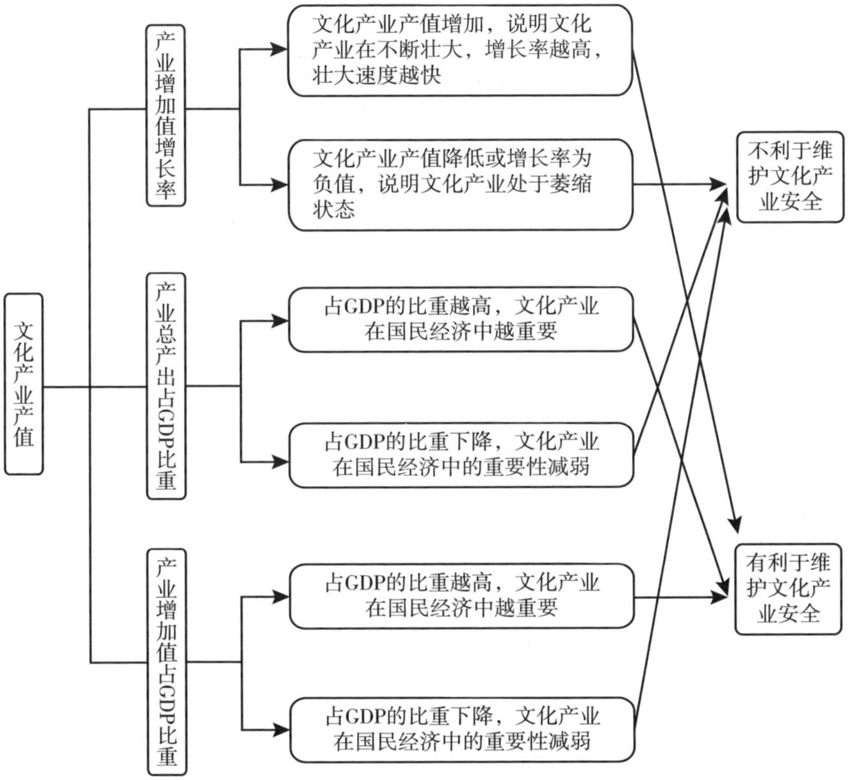

图 7　文化产业产值与文化产业安全的关系

文化产业增加值增长率可由以下公式计算得到：

$$文化产业增加值增长率 = \frac{当年产业增加值 - 上年产业增加值}{上年产业增加值} \times 100\%$$

2004 年以来，文化及相关产业增加值占 GDP 的比重持续提升，由 2004 年的 2.13% 上升到 2017 年的 4.20%，文化产业在国民经济中的地位显著提升，有利于维护文化产业安全。另外，从文化及相关产业增加值的增长率来看，2004 年以来，文化及相关产业的增加值增长率始终保持在两位数，增长率最高的一年为 2012 年，增长率达到 34.07%（见表 5）。从这方面看，有利于维护文化产业安全。

表 5　2004～2017 年文化及相关产业增加值增长率及占 GDP 比重

单位：亿元，%

年份	增加值	增长率	占 GDP 比重
2004	3440	—	2.13
2005	4253	23.63	2.27
2006	5123	20.46	2.33
2007	6455	26.00	2.39
2008	7630	18.20	2.39
2009	8786	15.15	2.52
2010	11052	25.79	2.68
2011	13479	21.96	2.75
2012	18071	34.07	3.34
2013	21870	21.02	3.67
2014	24538	12.20	3.81
2015	27235	10.99	3.95
2016	30785	13.03	4.14
2017	34722	12.79	4.20

资料来源：《中国文化及相关产业统计年鉴》。

二　文化产业的对外依存度

对外依存度既包括进口依存度也包括出口依存度，还包括国别依存度。对少数国家和区域的依赖程度较高，容易导致贸易的不平衡，同时会对文化和舆论产生一定的影响。若出口对外依存度较低，则说明对其他国家或地区出口不足，文化产品的竞争力亟须提升。若进口对外依存度较高，尤其是过于依赖发达国家，则说明文化产品出口创汇能力不足。文化产业的经济外向度和开放度较低，将会影响文化产业参与国际竞争的能力。从产业安全的角度来看，当前我国文化产业处于基本安全状态。不过，从对文化产业对外依存度的估算，并结合我国文化产业政府规制的情况来看，我国文化产业处于制度保护下的相对安全状态。这种环境下成长起来的文化产业在国际市场上缺乏较大的竞争优势。图 8 反映的是文化产业对外依存度与文化产业安全的关系。

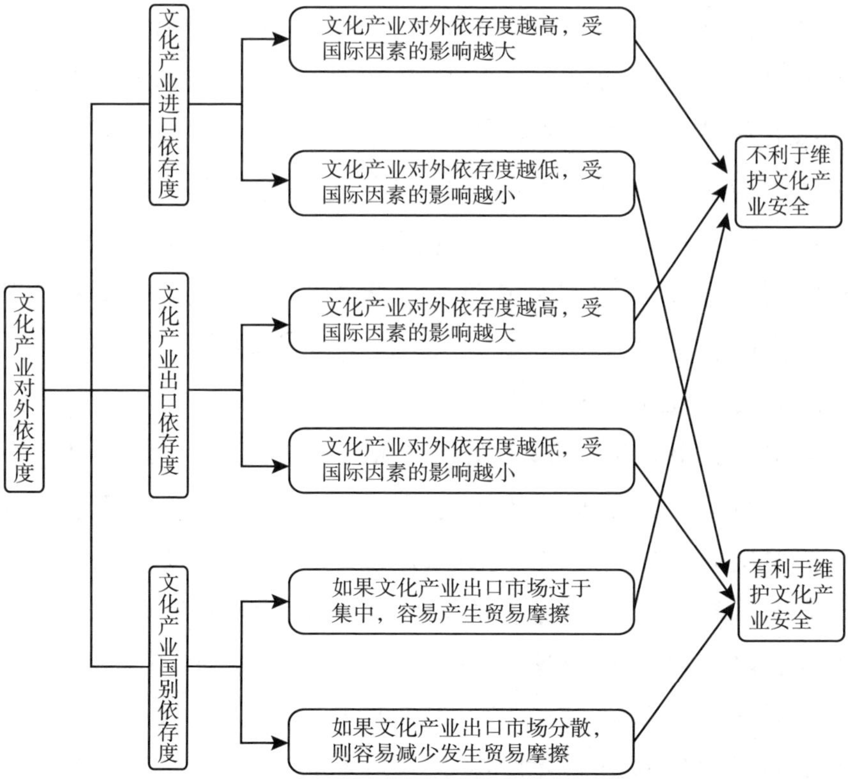

图 8　文化产业对外依存度与文化产业安全的关系

1. 文化产业进口依存度

文化产业进口依存度是衡量我国文化产业对进口产品依赖程度的重要指标。文化产业的进口依存度越高，表示进口文化产品占整个市场的份额越高，进口文化企业在国内文化市场中就越发举足轻重，国外资本的流动和国际市场的波动对国内文化产业的影响就越发深刻，产业生存发展的安全度就越低。

文化产业进口依存度的计算公式为：

$$文化产业进口依存度 = \frac{文化产业进口额}{文化产业销售额} \times 100\%$$

2009 年以来，我国文化产业的进口依存度总体上呈下降趋势，从阶段上划分，可以分为两个阶段：第一阶段是 2009 ~ 2013 年，除 2012 年文化产业进口依存度略微降低以外，文化产业进口依存度总体不断上升，这对维护文化产业安全是不利的；第二阶段是 2014 ~ 2017 年，文化产业的进口依存度不断下降，而且下降的速度很快，仅 5 年时间，文化产业进口依存度就从 11.20% 下降到 4.52%（见表 6）。进口依存度大大降低对维护文化产业安全起着重要的作用。

2. 文化产业出口依存度

文化产业出口依存度同文化产业进口依存度一样，是衡量文化产业对出口产品依赖程度的重要指标。一般而言，某一产业的出口依存度越高，一方面表明该产业的产品更多的是用于出口，另一方面意味着产业本身受国际环境的制约程度越深，产业安全越难以保障。对于我国这样一个拥有庞大国内市场的国家而言，文化产业的出口依存度越高，表明国内市场进口文化产品越多，国民受外国文化的影响程度越深，越不利于文化产业甚至整个国家意识形态的安全。

表 6　2009～2017 年文化产业进口依存度

单位：亿美元，%

年份	文化产业进口额	文化产业销售额	进口依存度
2009	42.4	452.43	9.37
2010	58.1	595.74	9.75
2011	89.3	825.12	10.82
2012	121.0	1146.98	10.55
2013	172.2	1538.09	11.20
2014	155.4	1679.66	9.25
2015	142.3	1766.14	8.06
2016	96.6	1821.03	5.30
2017	89.3	1975.54	4.52

资料来源：表中“文化产业进口额”数据来自《中国文化及相关产业统计年鉴》；“文化产业销售额”数据来自《中国贸易外经统计年鉴》，其计算方法是：“文化产业销售额＝限额以上文化、体育用品及器材专门零售业企业商品销售额＋限额以上文化、体育用品及器材专门批发业企业商品销售额”；2009～2017 年人民币兑美元汇率数据来自《中国统计年鉴》。

文化产业出口依存度的计算公式为：

$$\text{文化产业出口依存度} = \frac{\text{文化产业出口额}}{\text{文化产业销售额}} \times 100\%$$

2009 年以来，尽管我国文化产业出口依存度整体上呈下降趋势，但是总体上偏高，从单个年份的文化产业出口依存度看，对维护文化产业安全是不利的。但从总体趋势上看，除 2014 年文化产业出口依存度出现小幅回升以外，总体上在下降，从 2009 年的 76.59% 下降到 2017 年的 44.64%（见表 7）。从总体趋势角度看，这对维护文化产业安全是有一定积极作用的。

表7 2009～2017年文化产业出口依存度

单位：亿美元，%

年份	文化产业出口额	文化产业销售额	出口依存度
2009	346.5	452.43	76.59
2010	429.0	595.74	72.01
2011	582.1	825.12	70.55
2012	766.5	1146.98	66.83
2013	898.6	1538.09	58.42
2014	1118.3	1679.66	66.58
2015	870.9	1766.14	49.31
2016	784.9	1821.03	43.10
2017	881.9	1975.54	44.64

资料来源：表中“文化产业出口额”数据来自《中国文化及相关产业统计年鉴》；“文化产业销售额”数据来自《中国贸易外经统计年鉴》，其计算方法是：“文化产业销售额＝限额以上文化、体育用品及器材专门零售业企业商品销售额＋限额以上文化、体育用品及器材专门批发业企业商品销售额”；2009～2017年人民币兑美元汇率数据来自《中国统计年鉴》。

3. 文化产业国别依存度①

如果某一产业出口市场过于集中，就容易产生贸易摩擦，产业发展也就越不安全。

2012年以来，中国香港、美国、日本、英国、德国、荷兰成为文化产业出口的主要对象，并始终占据着文化产业出口的前六位，特别是中国香港和美国，对其文化产业出口量一直处于前两位，并且远高于其他国家和地区，这表明文化产业出口对中国香港和美国的国别依存度较高，这对维护文化产业安全不利。特别是近期中美贸易摩擦，有可能对文化产业出口造成重大影响，甚

① 这里的“国别”既指不同国家，也包含不同地区，如中国香港、中国澳门和中国台湾。

至威胁中国文化产业安全。从文化产业出口前15位的国家（地区）情况看，除了文化产业出口排名始终在前6位的国家（地区）以外，新加坡、意大利尽管排名逐渐下降，但也始终排在前15位，韩国、加拿大、巴西、澳大利亚的排名基本保持不变（见表8），有12个国家（地区）始终排在文化产业出口前15位。可以看出文化产业出口的国别依存度较高，这对维护文化产业安全不利。

表8　2012～2017年文化产业出口累计金额

单位：亿美元

位次	2012年		2013年		2014年	
	国家（地区）	累计金额	国家（地区）	累计金额	国家（地区）	累计金额
1	中国香港	257.86	中国香港	323.17	中国香港	514.64
2	美国	163.05	美国	190.18	美国	217.60
3	日本	31.93	日本	40.90	日本	36.97
4	英国	25.77	德国	30.89	英国	31.49
5	德国	24.96	英国	28.49	德国	27.57
6	荷兰	18.36	荷兰	19.08	荷兰	25.67
7	新加坡	11.61	新加坡	15.24	新加坡	14.37
8	意大利	11.09	韩国	13.66	俄罗斯	13.59
9	韩国	10.86	印度	11.68	澳大利亚	11.79
10	加拿大	10.75	加拿大	11.64	韩国	10.95
11	法国	10.59	法国	10.96	意大利	10.69
12	澳大利亚	9.82	意大利	10.58	法国	10.28
13	巴西	9.59	俄罗斯	10.32	加拿大	10.19
14	印度	8.99	澳大利亚	10.01	印度	9.90
15	俄罗斯	8.70	巴西	9.89	巴西	8.91

续表

位次	2015年		2016年		2017年	
	国家（地区）	累计金额	国家（地区）	累计金额	国家（地区）	累计金额
1	美国	240.47	美国	227.76	美国	273.35
2	中国香港	224.93	中国香港	157.97	中国香港	122.97
3	英国	36.37	荷兰	41.95	荷兰	48.18
4	荷兰	35.03	英国	35.03	英国	40.59
5	日本	29.16	日本	30.47	日本	38.98
6	德国	26.29	德国	22.17	德国	28.16
7	新加坡	16.94	加拿大	18.30	加拿大	19.90
8	加拿大	15.03	韩国	15.50	印度	17.66
9	韩国	13.52	澳大利亚	15.08	澳大利亚	17.50
10	澳大利亚	12.92	新加坡	15.07	韩国	14.23
11	菲律宾	12.22	菲律宾	12.57	西班牙	12.66
12	印度	11.65	印度	12.19	新加坡	12.36
13	法国	10.70	阿联酋	12.05	阿联酋	12.25
14	意大利	10.49	意大利	10.02	俄罗斯	11.88
15	马来西亚	9.76	法国	9.47	意大利	11.78

资料来源：《中国文化及相关产业统计年鉴》。

三　文化产业的竞争力

1. 产业集中度

产业集中度表示的是行业内少数企业的销售量、生产量、资产总额对某一行业的支配程度，一般用这几家企业的某一指标（大多数情况下用销售额）占该行业总量的比重来表示。产业集中度越高，单个企业的市场份额就越大，其创新和发展的能力就会相应提高，产业的国际竞争力状况也肯定能得到提高。图 9 是文化产业市场结构与文化产业安全的关系。

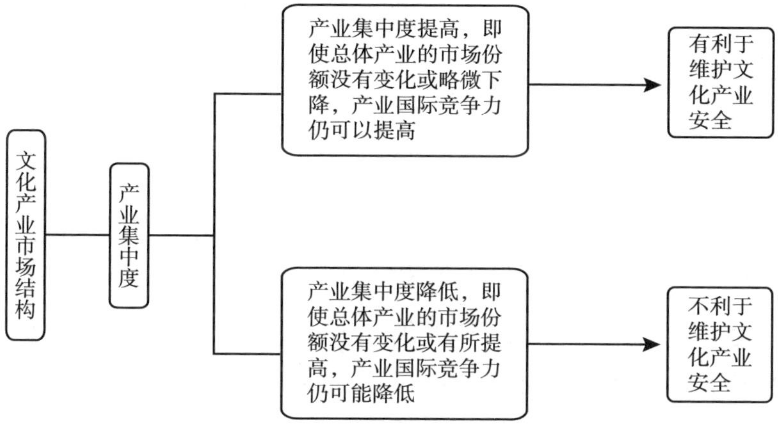

图 9　文化产业市场结构与文化产业安全的关系

2. 贸易竞争力指数

贸易竞争力指数（TSC）是衡量市场竞争力的一个三级指标。当 TSC <0 时，产业处于比较劣势；当 TSC =0 时，产业属于贸易平衡型产业，进口额和出口额基本持平；当 TSC >0 时，产业处于比较优势。图 10 反映了文化产业贸易竞争力与文化产业安全之间的关系。

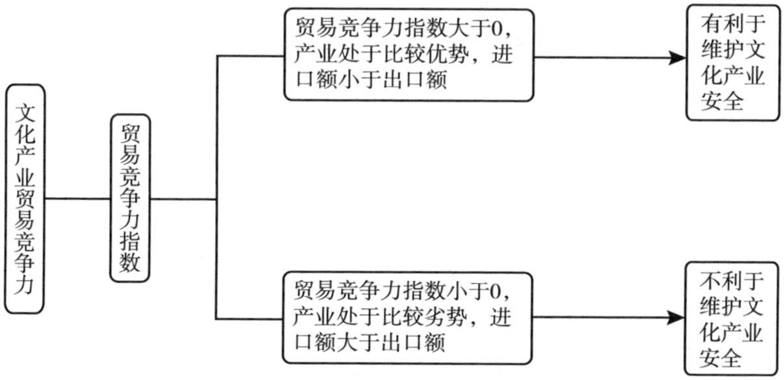

图 10　文化产业贸易竞争力与文化产业安全的关系

文化产业贸易竞争力指数可由以下公式计算得到：

$$文化产业贸易竞争力指数 = \frac{文化产业出口额 - 文化产业进口额}{文化产业出口额 + 文化产业进口额}$$

2009 年以来，中国文化产业贸易竞争力指数始终小于 0，且绝对值较大。从单个年份来看，中国文化产业贸易竞争力指数，不利于维护文化产业安全。从趋势上看，2009 ~ 2013 年文化产业贸易竞争力指数在逐渐提高，文化产业贸易竞争能力在不断提升，但 2014 年以后，文化产业贸易竞争力指数又进一步降低，绝对值进一步加大（见表 9），增大了文化产业贸易竞争劣势，从这一趋势看，不利于维护文化产业安全。

表 9　2009 ~ 2017 年文化产业贸易竞争力指数

单位：亿美元

年份	文化产业进出口总额	文化产业进出口差额	文化产业贸易竞争力指数
2009	388.9	-304.1	-0.782
2010	487.1	-370.9	-0.761
2011	671.4	-492.8	-0.734
2012	887.5	-645.5	-0.727
2013	1070.8	-726.4	-0.678
2014	1273.7	-962.9	-0.756
2015	1013.2	-728.6	-0.719
2016	881.5	-688.3	-0.781
2017	971.2	-792.6	-0.816

资料来源：表中数据来自《中国文化及相关产业统计年鉴》，“文化产业进出口总额”和“文化产业进出口差额”分别对应年鉴中的“核心文化产品进出口情况：进出口总额”和“核心文化产品进出口情况：贸易差额”。

四　文化产业的外资控制力

外资控制企业包括外资市场控制企业、外资股权控制企业、外资资本控制企业、外资技术控制企业。图 11 反映了文化产业外资控制力与文化产业安全的关系。[①]

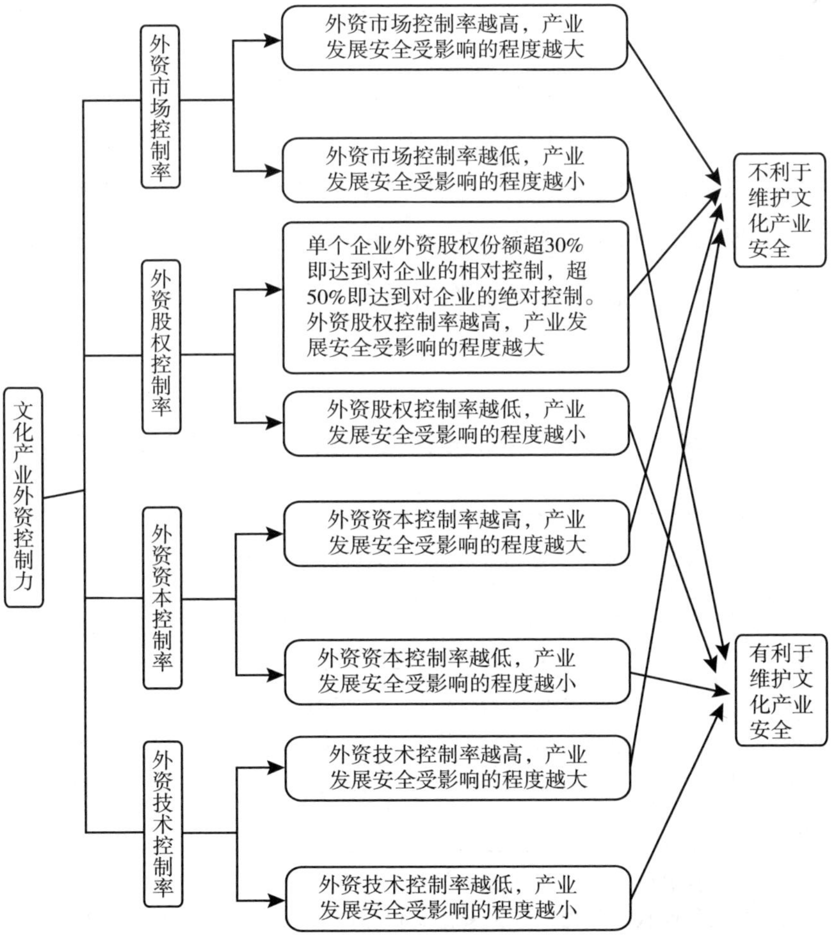

图 11　文化产业外资控制力与文化产业安全的关系

① 股权控制率和技术控制率数据暂时不可得，本报告不予介绍。

1. 外资市场控制率

外资市场控制率是衡量外资控制力的一项三级指标。该指标反映外资控制企业对该产业国内市场的控制程度。它可以用外资控制企业市场份额与国内该产业总的市场份额之比来衡量。

文化产业外资市场控制率的计算公式为：

$$\text{文化产业外资市场控制率} = \frac{\text{文化产业外资企业营业收入}}{\text{文化产业营业收入}} \times 100\%$$

2012 年以来，中国文化产业的外资市场控制率一直很高，维持在 30.00% 左右，这对维护文化产业安全十分不利，文化产业很容易受到外资威胁。但从变化趋势上看，文化产业外资市场控制率在不断下降，由 2012 年的 34.47% 下降到 2017 年的 28.81%（见表 10），文化产业外资市场控制率对文化产业安全的威胁在逐渐减小，有利于维护文化产业安全。

表 10　2012～2017 年文化产业外资市场控制率

单位：亿元，%

年份	文化产业外资企业营业收入	文化产业营业收入	文化产业外资市场控制率
2012	14724. 40	42713. 75	34. 47
2013	16675. 46	50575. 06	32. 97
2014	18878. 92	59138. 47	31. 92
2015	20449. 86	66455. 36	30. 77
2016	22533. 67	74757. 57	30. 14
2017	22622. 19	78514. 78	28. 81

资料来源：表中数据来自《中国统计年鉴》和《中国文化及相关产业统计年鉴》，其中“文化产业营业收入”为《中国文化及相关产业统计年鉴》中的“规模以上文化制造业企业营业收入”＋“限额以上文化批发和零售业企业营业收入”＋“重点服务业文化企业营业收入”；“文化产业外资企业营业收入”为《中国文化及相关产业统计年鉴》中的“规模以上文化制造业外商投资企业营业收入”＋“限额以上文化批发和零售业外商投资企业营业收入”。

2. 外资资本控制率

外资资本控制率不仅反映某一企业的外资控制程度，同时也可以反映行业整体被外资控制的程度。某一公司的外资资本控制率即为外资在该公司实际控制资本比例。

文化产业外资资本控制率的计算公式为：

$$\text{文化产业外资资本控制率} = \frac{\text{文化产业外资注册资本}}{\text{文化产业资本}} \times 100\%$$

2013 年以来，文化产业外资资本控制率有所增加。从单个年份来看，文化产业外资资本控制率并不高，均未超过 2.00%，这对维护文化产业安全是有利的。但从趋势上看，2013 ~2014 年文化产业外资资本控制率呈下降趋势，但 2015 ~2017 年文化产业外资资本控制率出现了上升趋势（见表 11），这对维护文化产业安全是不利的。

表 11　2013 ~2017 年文化产业外资资本控制率

单位：万元，%

年份	文化产业外资注册资本	文化产业资本	文化产业外资资本控制率
2013	7617636	575684805	1. 32
2014	8354208	694208417	1. 20
2015	10339144	839021310	1. 23
2016	16140789	989928363	1. 63
2017	18432414	1188881823	1. 55

资料来源：表中数据来自《中国统计年鉴》和《中国文化及相关产业统计年鉴》，其中“文化产业外资注册资本”为《中国统计年鉴》中的“文化、体育和娱乐业外商投资企业年底注册资本”，“文化产业资本”为《中国统计年鉴》中的“规模以上文化制造业企业资产总计”+“重点文化服务业企业资产总计”+“限额以上文化批发和零售业企业资产总计”；人民币兑美元汇率数据来自《中国统计年鉴》。

专 题 篇

Special Topics

B.2

中国对东盟地区出版物出口贸易推进策略探讨

孙奇 付海燕*

摘 要： “一带一路”倡议提出以来，我国对东盟地区的出版物出口贸易获得了新的发展契机。本报告利用联合国商品贸易数据库中的相关数据，从贸易总量、贸易结构、贸易区域三个角度分析了我国对东盟地区的出版物出口贸易现状，发现我国对东盟地区的出版物出口贸易存在贸易结构和贸易区域不平衡等问题，并进一步分析了问题产生的原因，最后从政府、出版企业等方面提出推进我国对东盟地区出版物出口贸易的建议。

* 孙奇，北京印刷学院会计专业研究生；付海燕，经济学博士，北京印刷学院经济管理学院教授，主要研究方向为传媒产业经济分析。

关键词： 出版物　东盟　贸易

随着经济全球化的深入发展和各国经济水平的不断提高，人们的消费需求发生巨大变化，世界范围内对文化产品和文化服务的消费需求不断增加，文化贸易在国际贸易中所占的份额越来越大。“一带一路”倡议使我国贸易主体发生变化，出版物贸易也由此获得了广阔的发展空间。

东盟十国地处“一带一路”沿线，受地理位置和历史文化的影响，我国与东盟十国一直保持着良好的贸易伙伴关系。据中国海关统计，2019 年前 5 个月，我国对东盟地区出口总额达到 9130.2 亿元，比 2018 年同期增长 12.9%；自东盟进口 7156.3 亿元，比 2018 年同期增长 5.2%。① 东盟取代美国成为我国第二大贸易伙伴。出版物是文化传递的重要载体，出版“走出去”是扩大我国文化影响力的主要途径，推进我国对东盟地区的出版业出口贸易不仅能加快我国优秀文化向东盟地区传播，增强当地人民对我国文化的认同感，还能进一步巩固我国与东盟地区之间密切的贸易关系。

出版业出口贸易包括出版物出口和版权输出两种形式。② 受数据所限，本报告主要针对书籍、报刊、图画或涂色书三种出版物出口展开研究，文中相关数据来自联合国商品贸易数据库（United Nations Commodity Trade Statistics Database）。

---

① 《海关总署：5 月份我国进出口总值 2.59 万亿元进口 1.16 万亿元》，东方财富网，http://finance.eastmoney.com/a/201906101146208845.html。

② 付海燕、陈丹、刘松：《中国出版物出口竞争力提升研究》，《科技与出版》2016 年第 9 期，第 87～91 页。

一 我国对东盟地区出版物贸易现状分析

1. 贸易总额分析

从图 1 可以看出，2008 年至 2017 年，我国对东盟地区的出版物出口贸易总额总体上先增后降，其中最低年份在 2009 年（约 1638.69 万美元），最高年份在 2013 年（约 8905.98 万美元）。具体来看，2008 年至 2011 年我国对东盟地区的出版物出口贸易总额变化不大，2011 年至 2013 年实现了快速增长，2012 年增长最快，增长率约为 132.99%；2014 年至 2016 年大幅下降，2015 年下降最快，增长率约为 -35.48%，2017 年又出现了回升。但总体来看，2013 年之后我国对东盟地区的出版物出口贸易总额高于 2013 年以前，这和“一带一路”倡议的推动不无关系。

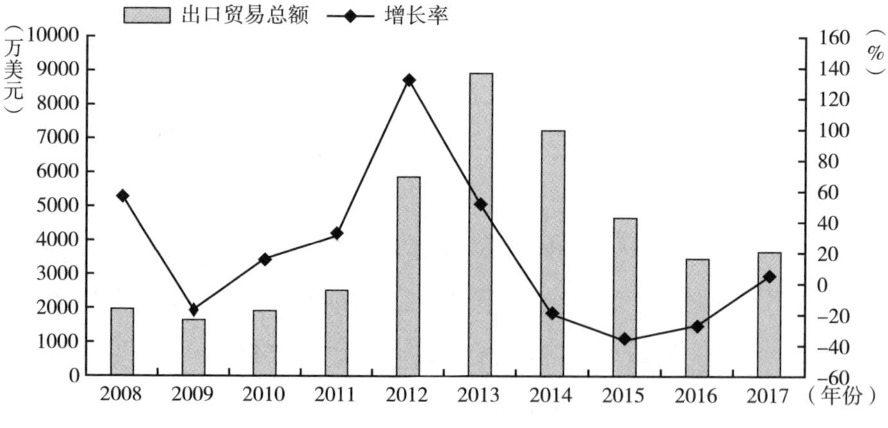

图 1　中国对东盟地区出版物出口贸易总额与增长率

资料来源：United Nations Commodity Trade Statistics Database。

对比我国对东盟地区出版物进出口贸易状况可以发现（见图 2），进口贸易额比较稳定，而出口贸易额波动较大。在 2008 年、2011

年、2012 年、2013 年、2014 年、2015 年这六年中，我国对东盟地区出版物出口贸易额大于进口贸易额，呈贸易顺差状态，其中贸易顺差额最大的年份在 2013 年，约为 5231.50 万美元。在 2009 年、2010 年、2016 年、2017 年这四年中，我国对东盟地区的出版物贸易呈贸易逆差状态，最大逆差额在 2016 年，约为 748.82 万美元，最小逆差额在 2010 年，约为 327.34 万美元。从 2011 年至 2013 年贸易顺差额持续增加，这主要是受我国书籍出口额大幅度上升的影响，2013 年到 2016 年贸易顺差额下降，且下降幅度较大。

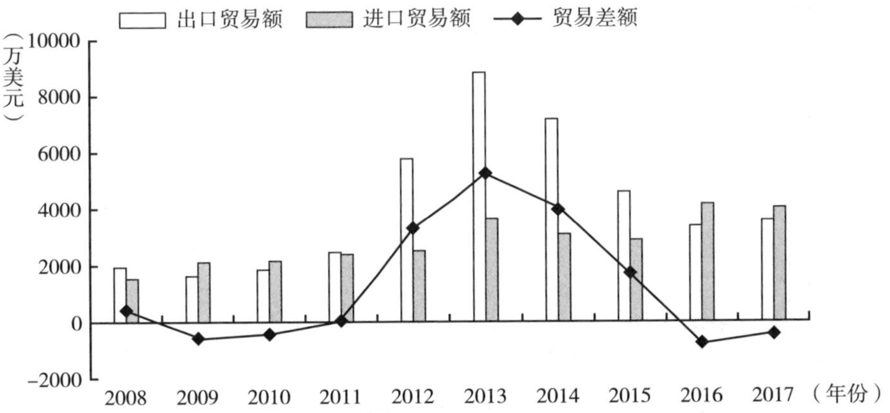

图 2　中国对东盟地区出版物进出口贸易比较

资料来源：United Nations Commodity Trade Statistics Database。

2. 贸易结构分析

这里所指的出版物贸易结构是指各类型出版物出口贸易额占全部出版物出口贸易额的比重。其中出版物类型分为书籍、报刊和图画或涂色书等。

如图 3 所示，我国对东盟地区的出版物出口贸易以书籍为主，其次是图画或涂色书，报刊最少。具体来讲，从 2008 年到 2017 年，书籍在我国对东盟地区出版物出口贸易中所占的比重总体呈下降趋势，

2008 年到 2015 年变化不大，均保持在 80% 以上，2016 年和 2017 年持续下降，2017 年书籍所占比重仅为 66.75%。图画或涂色书所占比重则大体呈上升趋势，从 2008 年的 10.20% 上升到 2017 年的 29.98%。报刊所占比重虽然一直不到 5%，但是 2016 年和 2017 年较前几年上升明显。因此，在书籍、报刊、图画或涂色书这三类出版物中，书籍类和图画或涂色书发展情景好，虽然书籍出口在近几年有所下降，但是其所占比重大，市场广阔。

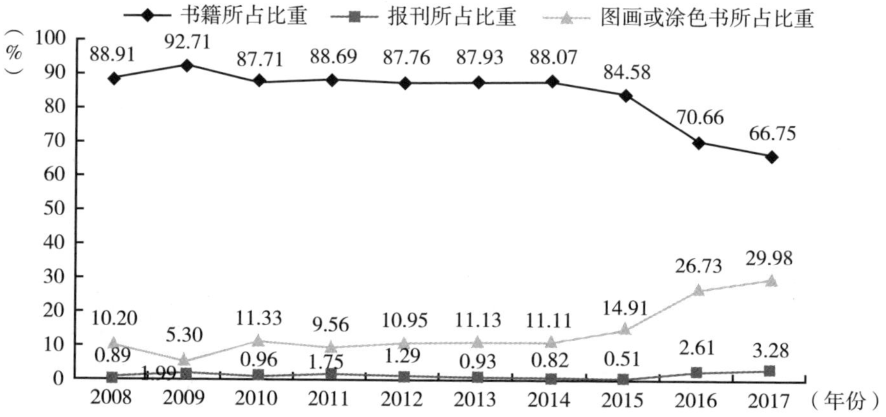

图 3　我国对东盟地区的出版物出口贸易结构

资料来源：United Nations Commodity Trade Statistics Database。

如图 4 所示，对比 2008 年到 2017 年我国对东盟地区三类出版物的进出口贸易总额发现，除 2009 年、2010 年、2016 年和 2017 年我国对东盟地区的书籍贸易出现贸易逆差外，其余各年份均呈贸易顺差状态。其中，2011 年至 2015 年连续五年出现贸易顺差，2013 年贸易顺差额达到最高，约为 4268.76 万美元，最低贸易顺差额则为 2011 年的 6.36 万美元。我国对东盟地区的图画或涂色书出口贸易额每年都高于进口贸易额，贸易状况良好，呈贸易顺差状态。其中，贸易顺差额最高在 2017 年，约为 1053.80 万美元，最低为 2009 年的 86.75

万美元。相比之下，我国对东盟地区的报刊出口状况不容乐观，多年来一直存在贸易逆差，2016 年和 2017 年情况有所改善。其中贸易逆差额在 2008 年达到顶峰，约为 228.77 万美元，2016 年和 2017 年的贸易顺差额分别约为 38.88 万美元和 52.90 万美元。

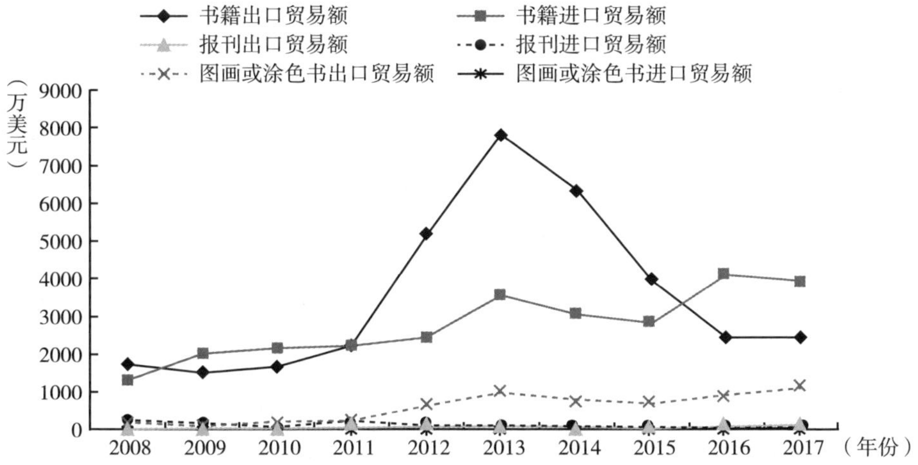

图 4　我国对东盟地区三类出版物的进出口贸易额对比

资料来源：United Nations Commodity Trade Statistics Database。

综上所述，在我国对东盟地区的出版物出口贸易中，书籍出口贸易额大于图画或涂色书，图画或涂色书出口贸易额大于报刊，书籍占主导地位，报刊出口不足。这种出口贸易结构的不平衡不利于我国出版业的全面发展。出版业的出版物出口贸易仅仅依靠书籍，不仅限制了我国文化的传播途径，还使我国出版业在对外贸易中动力不足，难以带动我国报纸和期刊的发展，影响我国出版业实现转型升级。

3. 贸易区域分析

2008 年至 2017 年我国对东盟各国的出版物出口贸易情况如图 5 所示。整体来看，我国对东盟地区的出版物出口主要集中在新加坡、马来西亚、菲律宾、印度尼西亚等国。其中，对新加坡的出口贸易总额达到1.30亿美元，占对东盟地区总出口额的31.09%；对菲律宾的出口贸易总额约为5192.00万美元，占对东盟地区总出口额的12.43%。相比之下，我国对泰国、越南、缅甸、文莱、柬埔寨、老挝等国的出版物出口贸易总额非常少。其中，对文莱的出口贸易总额约为216.86万美元，仅占对东盟地区总出口额的0.52%；对老挝的出口贸易总额约为58.29万美元，占比不足0.2%。

从分类来看，我国对东盟各国的出版物出口均以书籍为主，其次是图画或涂色书，报刊出口最少。在我国对东盟各国的书籍出口贸易中，贸易额排在前三位的国家是新加坡（约1.10亿美元）、马来西亚（约1.06亿美元）、印度尼西亚（约4404.04万美元）；报刊出口贸易中，贸易额排在前三位的国家是新加坡（约353.17万美元）、马来西亚（约100.06万美元）、菲律宾（约20.78万美元）；图画或涂色书出口贸易中，贸易额排在前三位的国家是马来西亚（约2231.24万美元）、新加坡（约1668.80万美元）、菲律宾（约796.70万美元）。

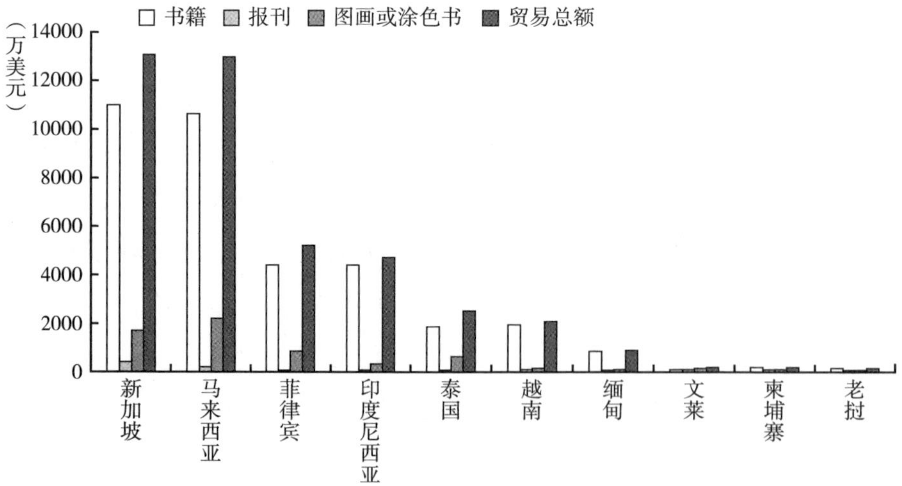

图5　2008~2017年我国对东盟各国的出版物出口贸易情况

资料来源：United Nations Commodity Trade Statistics Database。

据此可知，我国对东盟地区的出版物出口贸易存在较大的地区不均衡，这不利于我国出版物获得广阔的发展空间，也不利于增强我国的文化影响力，与此同时，我国也难以创造出内容更丰富多彩、融合度更高的出版物。

二　我国对东盟地区出版物出口贸易格局影响因素分析

1. 出口贸易结构不平衡的原因

（1）我国报刊市场化程度

我国对东盟地区的出版物出口贸易结构不平衡的一个重要原因就是报刊出口不足，多年来呈现贸易逆差状态，而这主要受报刊经营市场化的影响。新中国成立后，新闻出版业被纳入计划经济体制，属于事业单位。直到建立社会主义市场经济体制的方向明确后，我国才逐渐放开对新闻出版业的限制。而衡量我国新闻出版业市场化的一个重要标准就是转企改制。我国图书出版社转企改制早于报刊出版单位，而且改革范围较大。2004 年 4 月，中国出版集团经国务院批准转制为中国出版集团公司，迈出了图书出版社全面转制改革的第一步。[①]截至 2010 年，除人民出版社、中国藏学出版社等少数出版社外，其他出版社都已经转制为企业。而我国报刊出版单位真正意义上的转企改制始于 2011 年 5 月，我国正式出台了《关于深化非时政类报刊出版单位体制改革的意见》，拉开了非时政类报刊出版单位转企改制的大幕。2012 年，完成转企改制的非时政类报刊出版单位约占总数的 96%。但是此次改革并不彻底，没有建立在市场交换的基础上，相关

① 李南：《我国非时政类报刊转企改制后的思考》，《今传媒》2013 年第 2 期，第121～122 页。

产权仍难以界定。只有由国家控制的刊号，成为一个权利明晰的生产要素，才能完全进入市场流通环节。[①] 除此之外，现代企业制度在报刊出版单位并未建立起来，而且我国的一些时政类报刊出版单位仍属于事业单位。因此，我国报刊出版单位转企改制的滞后以及不彻底影响了我国报刊对东盟地区的出口贸易。

（2）我国图画或涂色书质量

我国对东盟地区出版物出口贸易中图画或涂色书所占比重小与其承载内容的质量有直接关系。我国图画或涂色书的生产起步于20世纪90年代。浙江少年儿童出版社是内地最早关注图画书出版的出版社之一。在1990~1992年，其推出两套图画书，分别为“彩绘本中国民间故事”和“彩绘本中国古典文学神怪故事丛书”，获得了很多好评，并获首届国家图书奖提名奖，但是其文字内容并非原创，而是对中国传统故事的改写，并非严格意义上的本土原创图画书。不仅我国图画书原创内容少，涂色书也是如此，其缺乏对生活乐趣的发现，创新性差。一旦一本涂色书爆火，其余出版商纷纷盲目跟风。比如2015年6月《秘密花园》中文版进入市场后，同年下半年问世的涂色书数量达到平均每个月30本，而且内容大多模仿了《秘密花园》的动植物风格，“庭院”“森林”“动物乐园”等层出不穷。[②] 这些问题的存在导致我国图画或涂色书难以吸引东盟各国。

2. 出口贸易地区不平衡的原因

（1）国家经济发展水平差异

一个国家的经济发展水平与其对外贸易发展情况息息相关，尤其是在进口环节。国家经济发展状况越好，经济实力就越强，其对国外产品的进口需求就越大。这是导致我国对东盟出版物出口贸易地区不

---

① 黄端：《中国报刊发行的市场化之路》，《出版科学》2008年第6期，第57~64页。

② 朱冰芝：《成人涂色书出版探究》，硕士学位论文，湖南师范大学，2017。

平衡的重要因素。在东盟各国中，我国对新加坡的出版物出口贸易总额最高，紧接着是马来西亚、菲律宾、印度尼西亚，与柬埔寨、老挝相比，这几个国家的经济实力强，能够为出版物的进口提供经济支持。据相关网站统计，2017 年东盟各国 GDP 最高的国家是印度尼西亚，接着是泰国、菲律宾、马来西亚、新加坡，而 GDP 相对落后的国家是柬埔寨、老挝、文莱。相应的，我国对这几个 GDP 相对落后的国家的出版物出口贸易额也达不到 GDP 相对较高的国家的值。我国对新加坡的出版物出口贸易总额最多，但其 GDP 水平却不是最高的；印度尼西亚和泰国的 GDP 水平在东盟地区遥遥领先，但是我国对它们的出版物出口贸易总额却排在第四位、第五位。这主要是受人均 GDP 的影响。新加坡人均 GDP 高于其他东盟国家，2017 年新加坡的人均 GDP 约为 5.77 万美元，排世界第十一位，泰国约为 6336.44 美元，印度尼西亚约为 3858.69 美元，在东盟地区分别排第四位、第五位。① 人均 GDP 影响居民购买力，人均 GDP 越高的国家，居民购买力越强。因此，新加坡的居民购买力高于泰国和印度尼西亚，当地居民更有能力去购买出版物来满足自己的精神文化需求。

（2）文化差异

文化差异是影响我国对东盟地区出版物出口贸易地区不平衡的重要因素。东盟各国虽然大部分在亚洲，但是它们和我国也存在多方面的文化差异。出版物是文化产品中的一种，它承载着一个国家的文化内容、文化习惯等。当这些文化内容和文化习惯不被其他国家的人民接受时，就会影响出版物的出口。我国对新加坡、马来西亚、菲律宾、印度尼西亚的出版物出口贸易额比其他的东盟国家多，主要是因为我国与它们的文化差异小。以新加坡和马来西亚为例，华族是当地的主要民族之一，截至 2017 年，新加坡约有华人 430 万人，占总人

---

① 中国金融信息网，http：//dc. xinhua08. com/。

口的 74.1%，华语也是新加坡的官方语言。马来西亚约有华人 700 万人，约占总人口的 22%，过春节、十五闹元宵等文化习俗在马来西亚普遍存在。华人的大量存在使当地居民阅读中文出版物的语言障碍减少，并且使当地居民更能接受原版中文出版物，方便了我国出版物的出口。和中国一样，新加坡和马来西亚都是宗教自由国家，新加坡的主要宗教为佛教、道教、基督教、伊斯兰教、印度教，马来西亚的主要宗教是伊斯兰教、佛教、印度教。除此之外，儒家文化是新加坡的主流文化，儒学在 19 世纪就传到新加坡，而马来西亚在 1800 年就建造了供奉孔子像的庙宇，儒家文化对它们影响深远。这些因素使当地居民在阅读我国出版物的时候，更容易理解我国出版物承载的精神诉求和价值观，并让他们愿意去购买我国出版物。文莱的人均 GDP 排名靠前，但是我国对其出版物出口贸易额却处在比较低的水平，这也是由文化差异造成的。首先，文莱的官方语言是马来语，其传统文化具有浓厚的马来民族色彩，和其他的东盟国家相比，文莱华人较少，中文出版物市场狭窄。其次，伊斯兰教是文莱的国教。[①] 为了维护伊斯兰教的神圣性，文莱颁布了《伊斯兰教刑法》，禁止在文莱传播任何宗教和信仰，包括未经批准传播伊斯兰教。华人数量少使中华文化在文莱的传播不及其他的东盟国家，文化差异使我国可供文莱人阅读的出版物较少。这些都阻碍了我国出版物的出口。

（3）贸易政策差异

我国对东盟出版物出口贸易地区不平衡受东盟各国贸易政策的影响。开放的贸易政策能促进我国出版物的出口，而设有贸易壁垒的贸易政策会阻碍我国出版物的出口。贸易壁垒主要分为关税壁垒和非关税壁垒。由于中国—东盟自由贸易协定的签订，东盟各国对我国实行

① 赵凯莉：《文莱华人宗教信仰研究——以腾云殿为例》，《文化与传播》2018 年第 3 期，第 14 ~ 18 页。

的关税水平都比较低。非关税贸易壁垒有进口配额制、进口许可证、外汇管制等。我国对新加坡、马来西亚、菲律宾、印度尼西亚、泰国的出版物出口贸易额较高，是因为它们的非关税贸易壁垒少。它们实行的都是自由贸易政策。马来西亚、印度尼西亚和泰国对出版物贸易没有进口许可证要求。虽然新加坡和菲律宾新闻出版行业的进口贸易需要进口许可证，但是办理程序简单，而且它们没有外汇管制，资金可自由流入流出。新加坡的图书中有60%是进口图书，30%由当地印刷，只有10%是本地版图书。[①] 新加坡是全球贸易最自由的地区之一，其经济的成功在很大程度上归功于其高度开放的自由贸易政策。相比较之下，缅甸、越南、柬埔寨、老挝在对外贸易上就显得比较保守。越南和缅甸都有外汇管制，而且缅甸的外汇管制颇为严格，未经外汇管理局负责人的许可，任何人在缅甸不得买卖、借贷、兑换外汇。截至2019年7月，缅甸仍有4000多种商品需要办理进口许可证，而且办理程序的复杂程度远远高于亚太地区其他国家。老挝书籍的进口需要进口许可证。因此，贸易政策上的过多限制也是我国出版物对这些国家出口较少的原因之一。

三　推进我国对东盟地区出版物出口贸易的对策建议

1. 政府深化改革，加快报刊行业市场化

我国政府应该深化改革，提高报刊行业的市场化程度，让更多的报刊出口到东盟地区，逐渐完善贸易结构。首先，我国政府应该进一步改变对报社的管理方式，聘请职业经理人，完全实现所有权与经营

① 杨刚：《山东出版集团：以书展为契机深度调研新加坡出版业》，《国际出版周报》2019年7月1日，第6版。

权分离。在报社内部严格按照现代企业制度管理，依法设立股东大会、董事会、监事会等[①]，各个部门互相制衡，防止腐败。其次，还应打破所有制壁垒，修改市场准入和退出制度[②]，为报刊行业注入新鲜血液，主动引进东盟外资，并扩大外资进入比例，通过立法来建立公平有序的报刊行业市场竞争秩序。最后，成立专门的组织，以政策扶持报刊出口，在允许一部分报刊负担起意识形态传播任务的同时，主动促进另一部分报刊积极主动地走向东盟地区，加快我国报刊行业和东盟地区的合作，允许一些非时政类报社在东盟地区实现联合运营。

2. 出版企业深入调研，提高图画或涂色书质量

为了扩大我国图画或涂色书对东盟地区的出口，我国出版企业应该去东盟地区深入调研，生产出内容更精彩的图画或涂色书。图画或涂色书的主要阅读对象是儿童，那么我国的出版企业就应该主动去了解东盟各国儿童的成长特点、各个年龄段儿童对图画或涂色书的不同需求，而不是一味地向其推出适合中国儿童使用的图画或涂色书。我国图画或涂色书原创内容不多，在这种情况下，我国的出版企业应该搜集在东盟地区销售火爆的图画或涂色书，深入研究其创新点，同时结合国内优秀图画或涂色书的内容，寻找新的创作点。这样一来，既能适应东盟地区居民的阅读习惯，又能向东盟地区传播我国文化。以新加坡为例，新加坡十分重视教育，父母在孩子幼儿园时期为其购买图画或涂色书是必不可少的。为了扩大我国图画或涂色书对新加坡的出口，我国出版企业应该先弄清楚新加坡这个年龄段的孩子喜欢什么动物、爱玩什么玩具、对哪些颜色比较敏感等，然后将这些内容与知识相结合，设计生动活泼的图画，并注入中国元素，生产出对当地儿童更具吸引力的图画或涂色书。

① 张晓薇：《浅析中国出版业的不完全市场化》，《出版科学》2008 年第 4 期，第 53 页。

② 赵峰：《出版业改革仍须勇闯“市场关”》，《时代金融》2015 年第 5 期，第 183、190 页。

3. 拓宽贸易空间，改善地区不平衡

要想改变我国对东盟出版物出口贸易地区不平衡的现状，我国政府和出版企业需要针对东盟各国从我国进口出版物的情况和东盟各国经济文化特点采取不同的策略，进一步拓宽贸易空间。从东盟各国进口我国出版物的情况来看，书籍处于绝对优势，但是柬埔寨、文莱、老挝进口我国书籍较少，因此我国出版企业应根据这几个国家的阅读习惯和对书籍的喜好，向其推出不同类别的书籍，扩大对它们的书籍出口。东盟各国进口的我国报刊和图画或涂色书都远远少于书籍，因此我国出版企业应主动了解东盟各国的报刊和图画或涂色书市场，制定精准的营销策略，确保报刊和图画或涂色书出口贸易额的增加。尤其要扩大报刊对老挝、越南、文莱的出口，扩大图画或涂色书对柬埔寨、缅甸、老挝的出口，因为我国对这几个国家的报刊和图画或涂色书出口贸易额排在后几位。

从东盟各国经济文化特点来看，对于新加坡、马来西亚、印度尼西亚、菲律宾、泰国这些经济实力强，并且与我国文化相似程度高的国家，我国出版企业应积极寻求与它们合作的机会，举办各类书展，成立国际出版贸易组织，继续保持良好的关系，还要针对国际形势制订正确的宣传和推广策略，不断为我国出版物的出口创造有利条件。对于越南、老挝、缅甸、柬埔寨这些与我国文化接近，但是经济发展水平较低的国家，我国政府和出版企业应该加大对这些国家的投资，加强技术合作，输出优秀资源，带动其经济发展，让它们有能力大量进口我国出版物。对于文莱这种国民富裕但宗教色彩浓厚、与我国有较大文化差异的国家，我国应该深入了解当地居民的宗教信仰和风俗习惯，向其出口符合伊斯兰教文化的出版物。同时，根据当地的语言种类，扩大我国出版业翻译人才队伍，生产具有强针对性、易于被进口地区接受的出版物。与此同时，应通过举办各种文化交流活动，扩大中华文化的影响。

B.3
游戏产业及其对文化产业安全影响研究

陈鹤杰　侯娇艳　郭其然*

摘　要： 近年来，随着互联网产业的迅速发展和人民物质生活水平的不断提高，人们对生活方式和娱乐的要求在逐渐提高，我国的文化产业在社会发展的潮流中也受到了不小的冲击，其中最大的影响就来源于游戏产业。游戏慢慢成为人们生活中不可或缺的一部分。在本报告中，我们结合科研小组制作的调查问卷，主要从游戏的介绍、游戏产业、游戏对受众的影响以及其对文化产业安全的影响四个方面展开论述，分析了调查报告的结果，全面论述了游戏产业与文化产业的关系以及目前的形势和发展趋势。

关键词： 游戏　文化安全　文化产业

一　游戏简介

“游戏”一词在生活中十分常见，并且其逐渐成为一部分人必不可少的一种娱乐消遣方式。随着游戏对受众生活影响越来越大，游戏中传播的文化对受众的影响也越来越大，特别是对中小学生影响巨

* 陈鹤杰，北京印刷学院经济管理学院副教授；侯娇艳，北京印刷学院 2017 级信息管理与信息系统硕士研究生；郭其然，北京印刷学院 2017 级信息管理与信息系统硕士研究生。

大。继古惑仔文化后，游戏中传达的暴力思想正影响着人们的生活。本报告从游戏的定义开始，系统地梳理游戏的种类，通过整理公布的调研数据，同时采用调查问卷的形式，整理出游戏对受众的影响，特别是对中小学生的影响，最后提出游戏产业对文化产业安全的影响。

（一）游戏的定义

游戏，偏正词组，中心语为“戏”。戏，本义为古时祭祀或进餐时，有人头戴虎头面具、持戈舞蹈。后引申为与娱乐相关的行为，如京戏、马戏等。游，义为交游、来往，如“请息交以绝游”。故“游戏”一词可解释为具有互动性的娱乐行为。

通过上述定义，我们可以知道游戏有两个基本特征：一是其主要目的是直接获得快感，包括生理上的和心理上的；二是主体参与互动。民众参与其中，可通过一些应激反应来获得快感。

（二）游戏的演变

“游戏”一词在古代及现代的含义稍有不同。古代的民间游戏大多通过一些物件达成益智、娱乐的目的。但随着技术的发展与革新，“游戏”的意思也慢慢地发生了一些改变。目前受众趋向将那些通过编程语言而形成程序的电子游戏统称为游戏。而古时民间的游戏如九连环、鲁班锁，我们现在更愿意称其为玩具。

综上所述，我们认为在现代，游戏的定义应是由主体控制，以获取快感为目的，通过编程语言形成程序的电子游戏。

（三）游戏的分类

1. 按照游戏的媒介划分

（1）PC 端游戏

PC 端游戏，顾名思义就是依托 PC（personal computer）计算机而进行的游戏，我们现在所接触的大多数网游，如《英雄联盟》《地下城与勇士》等都可以划分到此类游戏中。常见 PC 游戏平台有 Steam、Origin、Wegame。

（2）游戏机

游戏机使用只向获得许可的软件开发者开放源代码，它其实是一种以专用显示器或电视机以及专用输入设备用于娱乐的电脑系统。源代码和软件的封闭性是它与 PC 的最大区别。如大型游戏机、家用游戏机、掌上游戏机、Switch 游戏机。

（3）手机游戏

手机游戏简称手游，是运行在手机里的游戏，主要编程开发语言是 Java 语言和 C 语言。随着科学技术的进步和手机的普及，越来越多的人选择在手机上玩游戏。手游也是整个游戏行业利润的领跑者。手游也因其精美的界面、丰富的剧情、炫酷的特效等深受年青一代的喜爱。

2. 按照游戏的内容划分

（1）角色扮演游戏（Role-playing Game，RPG）

角色扮演游戏是玩家在一个完整的故事情节中扮演一个或多个角色的游戏。

（2）动作游戏（Action Game，ACT）

玩家通过各种操作控制游戏人物，保护自己，消灭敌人，逐步通关。ACT 不会像 RPG 那样刻意追求情节，比较灵活，以休闲娱乐为主要目的，主要面向普通玩家，少部分简单的游戏有提示谜题，操作简单，易上手，但情节内容紧张刺激，属于大众化游戏，受众面广。

（3）射击游戏（Shooting Game，STG）

射击游戏，分为两类：一类是第一人称；一类是第三人称。第一人称是从玩家的视角看自己只有枪以及双手范围，和真实的视角是一样的。而第三人称则是摄像头在玩家的背后，可以看到整个人的行动。如《战地》（第一人称射击游戏）、《绝地求生》（第三人称射击游戏）。

（4）格斗游戏（Fighting Game，FTG）

格斗游戏是类似拳皇、街头霸王这样的对抗类游戏。

（5）策略游戏（Simulation Game，SLG）

策略游戏是一种玩家同电脑或其他玩家运用各种策略进行较量，或领导战争胜利，或开垦土地，或占领征服国家、星球以取得胜利的游戏。SLG 可分为回合制和即时制（RTS）两大类，如《三国志》（回合制）和《红色警戒》《魔兽争霸》（即时制）。

多人在线战术竞技游戏（Multiplayer Online Battle Arena，MOBA）是即时制策略游戏（RTS）的一个分类。玩家在这类游戏中一般分为两队，在分散的地图中相互竞争，进行战斗，在战斗中玩家需要购买装备。不同于传统的硬核 RTS 游戏（如《星际争霸》），这类游戏中一般没有建筑群、训练兵种、资源等各种组织单位，而且玩家只需控制好自己的角色。代表作有《英雄联盟》《DOTA》《风暴英雄》。

除此之外，还有其他种类游戏，如体育类、竞速类、音乐类、生活模拟类、卡牌类等。

二　游戏产业概述

（一）受众统计描述

随着游戏产业的发展与延伸，使用游戏机玩游戏的用户越来越少，端游和手游成为主流游戏方式，这使游戏与网络产生了密不可分的关联。有关调查显示，基本上每个玩游戏的用户都是网民，而随着网络的发展，网民规模也明显扩大①，数据如图1所示。

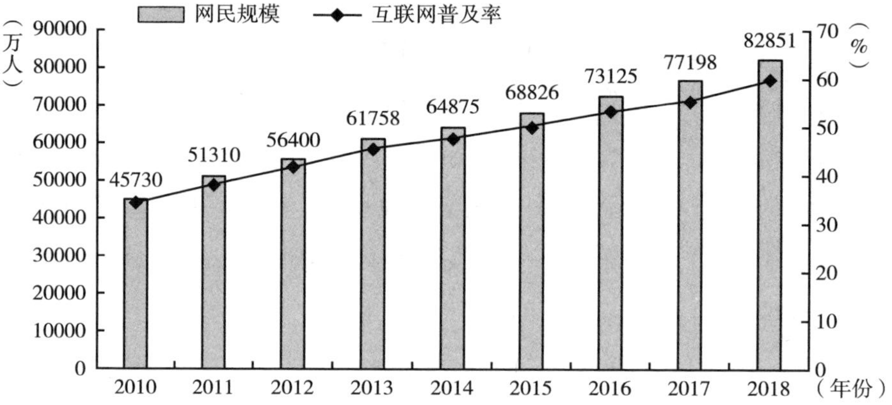

图1　2010～2018年中国网民规模及互联网普及率

资料来源：《2018年中国网民规模、网民属性结构及互联网普及率统计》，华经情报网，https：//www. huaon. com/story/429115。

截至2018年底，我国网民数量已超过8亿人，约占中国人数的一半以上②，通过添加趋势线，我们预测2019年底网民数量可能达到10亿人，预计2030年，我国网民数量占比将达90%以上。

截至2018年12月底，我国网民以青少年为主，还有越来越多的老年人开始学习新事物，网络也由此变得越来越普及。但是在中国的网民群体中，10～39岁年龄段的人占大多数，而10～19岁的人所占比重竟然高达17.5%（见图2），这种现象值得我们注意。

① 《2018年中国网民规模、网民属性结构及互联网普及率统计》，华经情报网，2019年5月20日，https：//www. huaon. com/story/429115。

② 中国互联网络信息中心：第43次《中国互联网络发展状况统计报告》，2019年2月，http：//cnnic. cn/gywm/xwzx/rdxw/ 20172017_ 7056/201902/W020190228474 508417254. pdf。

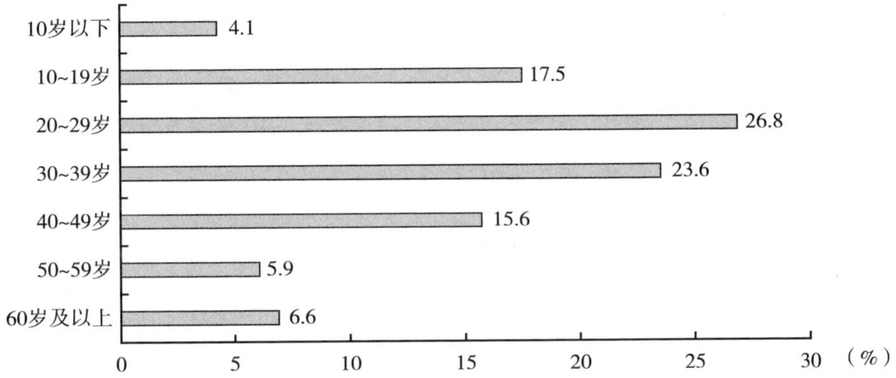

图 2　2018 年网民年龄结构占比

资料来源：《2018 年中国网民规模、网民属性结构及互联网普及率统计》，华经情报网，2019 年 5 月 20 日，https：//www. huaon. com/story/429115。

（二）不同类型市场统计及数据

在当今的游戏产业中，更多的游戏开发商对游戏进行了细分，满足了更多用户的需求，受到了大量网络用户的推崇。类型繁多的游戏产业商品各自吸引着某一种特定人群，在市场中拥有特定的专属位置。图 3、图 4 是不同类型的游戏在两个手机平台市场中的占比情况。

从图 3、图 4 我们可以看出，无论是安卓游戏还是 IOS 游戏，角色扮演游戏和卡牌游戏在市场中都最受玩家欢迎。

（三）游戏产业的形势

随着游戏的流行，越来越多的创业者想要跻身游戏产业，游戏市场日益强大。近几年，腾讯游戏和网易游戏迅速发展起来，进入大众视野。值得一提的是，腾讯是一个提供视频、通信等多方面功能的企业，如今游戏以不可阻挡的势头成为它的核心产业，并且游戏给它带

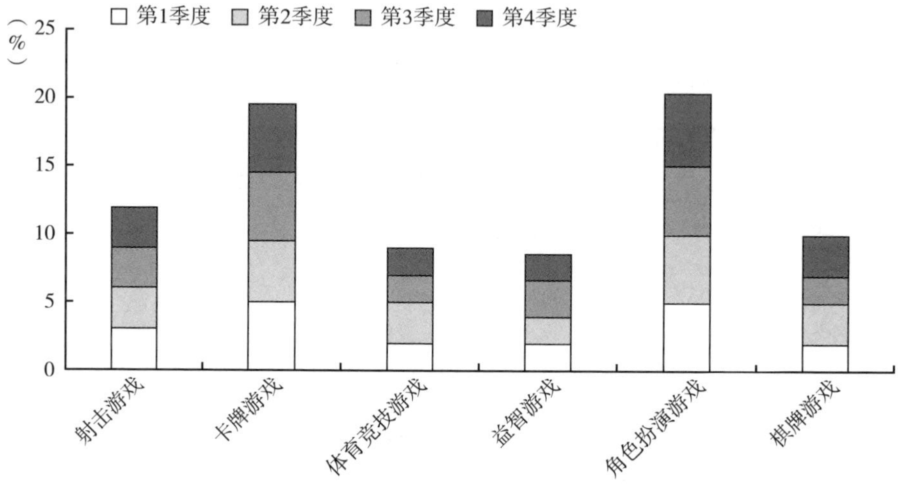

图3　安卓游戏占比

资料来源：百度文库《网络游戏行业分析报告》，2017 年 5 月 23 日，http：//data. china baogao. com/dianxin/2017/031RKY02017. html。

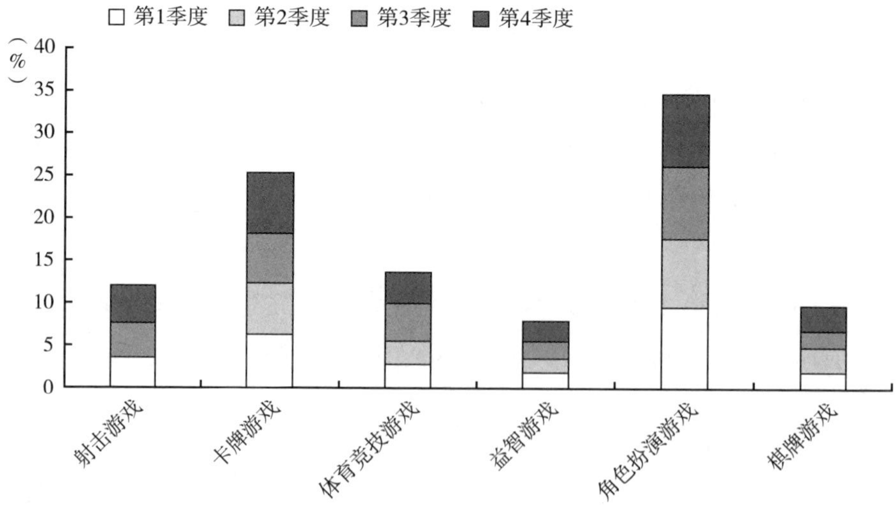

图4　IOS 游戏占比

资料来源：百度文库《网络游戏行业分析报告》，2017 年 5 月 23 日，http：//data. china baogao. com/dianxin/2017/031RKY02017. html。

来的收益不容忽视。在整个游戏产业中，网络游戏收入的增长情况如图 5 所示。

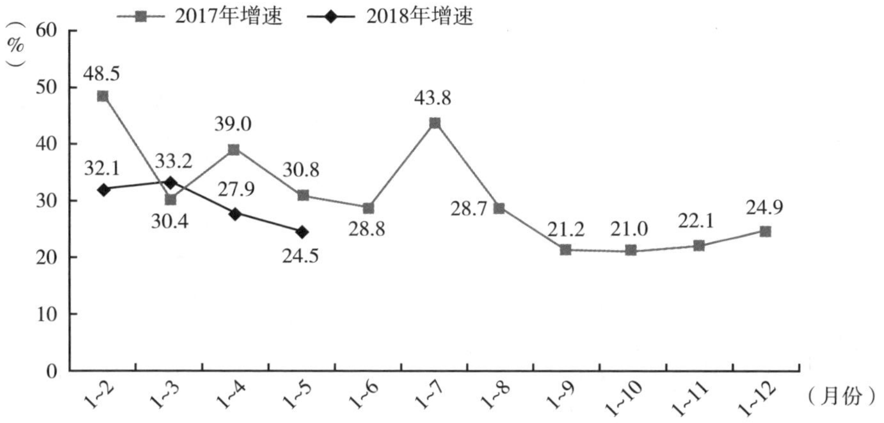

图 5　网络游戏收入增长情况

说明：2018 年数据不全。

资料来源：赵思强《互联网行业报告发布：游戏产业已无人可挡》，智能电视网，2018 年 8 月 22 日，https：//news. znds. com/article/33059. html。

三　游戏对受众的影响

手机、iPad、电脑等网络媒介以及 App 的发展，为网络游戏奠定了基础，如今，玩游戏者随处可见，游戏对受众的影响已经展现。与此同时，游戏中所体现的文化及思想也在无形之中融入人心，游戏中的价值观也冲击和影响着人们的价值观，对网民的日常生活和行为造成了一定的影响。

（一）游戏对网民的影响程度

目前网民在中国已经是一个庞大的群体，而网络游戏用户也是在网民中占比很大的一个群体。截至 2018 年 6 月，手机网络游戏用户已超过4.5亿人，网络游戏用户也占网民的半数以上（见图6）。游戏已成为当代网民生活中极其重要的一部分，其影响也越来越大。

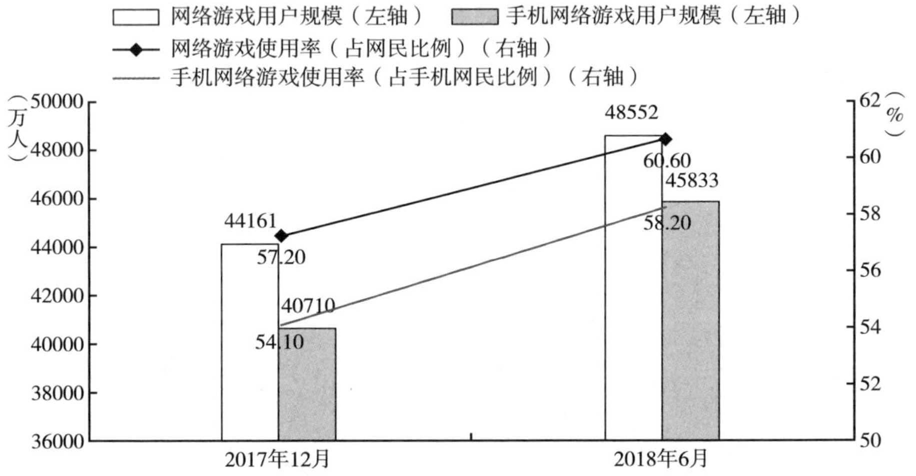

图6　2017～2018年网络游戏/手机网络游戏用户规模及使用率

资料来源：赵思强《互联网行业报告发布：游戏产业已无人可挡》，智能电视网，2018年8月22日，https://news.znds.com/article/33059.html。

（二）游戏对学生的影响

学生接触游戏已经不是什么新鲜的事了。最开始出现的以“好记星”为代表的智能学习机，为了引起孩子们的兴趣，设置了小游戏，后来发现孩子们似乎更喜欢玩游戏，学习成了次要的，于是又设置了“孩子锁”，用来合理分配与调控孩子玩游戏和学习的时间。随着智能手机的发展和5G时代的来临，这种设备逐渐被手机与电脑代替。现在孩子用手机玩游戏已经严重影响到他们的身心健康。对此，我们做了一个“游戏对中小学生的影响”的问卷调查。

通过问卷的数据我们可以看出，不玩游戏的学生极少，而且近半数的孩子很爱玩游戏（见图7）。玩游戏低龄化也是现在很让家长担心的一个问题，有的孩子从很小，甚至从幼儿园还不识字时就开始玩游戏。

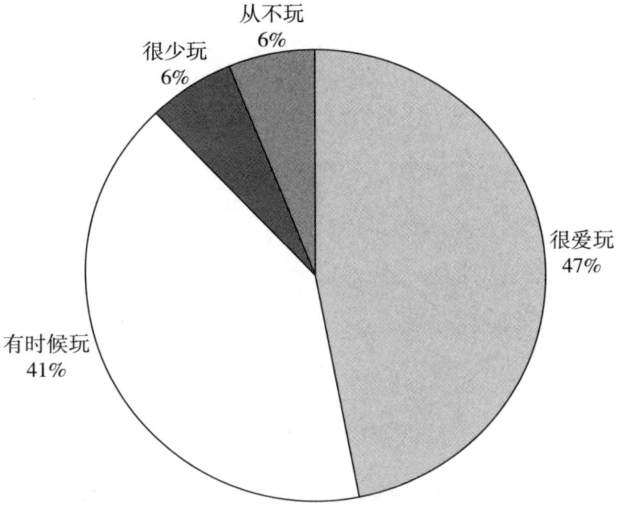

图 7　您的孩子是否玩游戏

对于大多数沉迷游戏的孩子而言，游戏已经严重影响到他们的学习成绩和未来发展。在问卷调查中我们了解到，绝大多数家长都认为游戏影响了孩子，有一半的孩子因为玩游戏成绩下降；有一小半的孩子从小养成的自制力较好，发现成绩下降会去调整；只有极少数的孩子可以控制好学习与游戏的时间，完美地平衡两者（见图8）。

游戏除了影响孩子的成绩，还会对他们的身体健康造成影响，而且还会影响孩子的性格、行为以及人际关系。很多孩子因为游戏和家长吵架，家长也会因为孩子太过沉迷游戏而摔手机。孩子也会在游戏中养成一些不好的行为习惯，比如玩游戏时不理人，孤僻冷漠。更有甚者，在潜移默化中模仿游戏中人物的行为，说脏话，举止粗暴。根据问卷中“您是否和孩子因为游戏而发生冲突”这个问

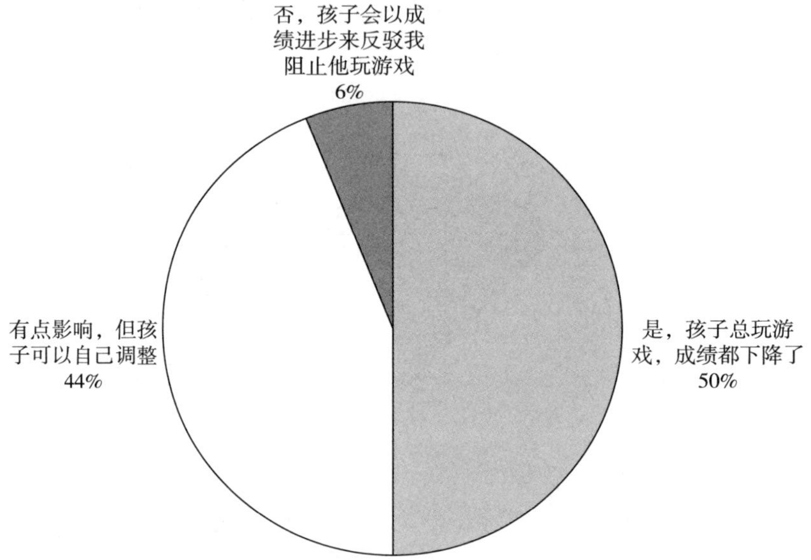

图8　您是否认为游戏影响了孩子的学习成绩和学习热情

题的调查结果，我们得出游戏似乎成了部分孩子与家长冲突的导火线（见图9）。

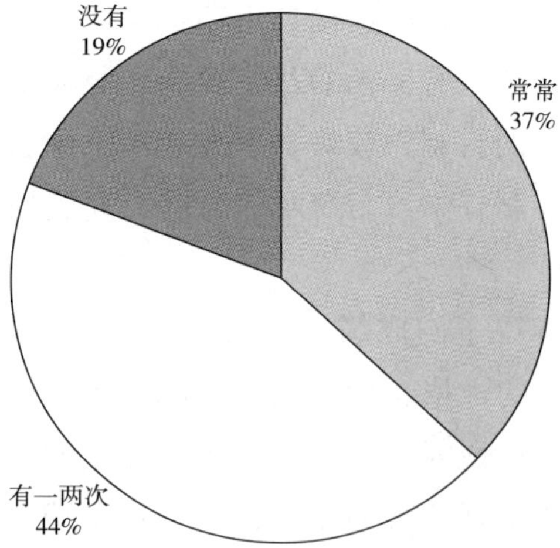

图9　您是否和孩子因为游戏而发生冲突

针对家长们对孩子玩游戏上瘾的问题采取措施后的结果，我们也进行了调查，发现很大一部分孩子在小学时就对游戏上瘾，对此，大部分家长会带孩子旅游，没收电子设备，控制游戏时间，给孩子报辅导班等。但是随着孩子对游戏的痴迷程度和逆反心理的增长，家长们渐渐管不了孩子了，有些方法只是治标不治本（见图 10）。

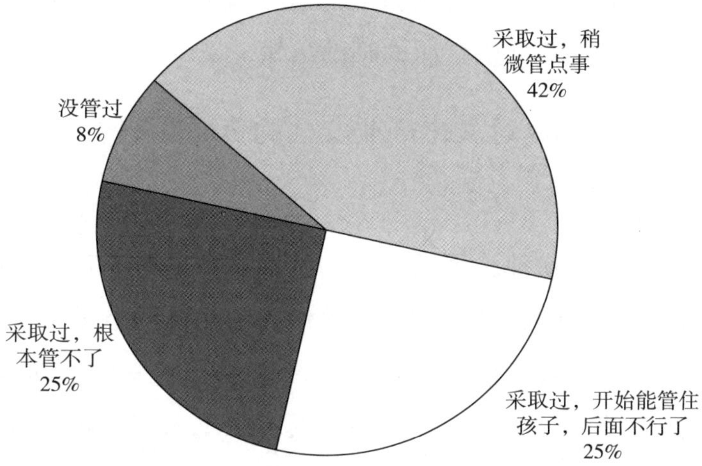

图 10　您是否因为孩子玩游戏上瘾而采取过一些措施

我们可以看出，游戏这一项原本很不起眼的娱乐活动已经严重影响了孩子们的生活，不但占用学习时间，还会影响成绩，引起家庭矛盾。在年龄还小，没有形成明确的价值观、缺乏社会阅历时，孩子们会不由自主地认同游戏中的文化及思想。游戏所反映的价值观及行为方式会潜移默化地影响他们的成长。

四　游戏产业对文化产业安全的影响

伴随着游戏的流行，随之而来的不但有游戏产业自身的飞速发展，还有其对其他产业的冲击，更值得引起大众关注的是其对文化产业安全的影响。文化产业安全是指我国文化产业发展、生存均不受威胁的状态。[①] 在国家综合实力的竞争中，文化产业发挥着越来越重要且不可忽视的作用。文化产业的安全是文化产业发展的基本要求与基本保障，加强对它的研究对推进我国文化产业市场的发展十分必要。游戏产业对文化产业安全既有正面的促进影响，又有负面的阻碍影响，在此报告中我们主要研究游戏产业对文化产业安全的负面影响，从而反推文化产业安全如今所面临的危机。

（一）游戏产业对文化产业安全的负面影响

1. 错误认知

当今社会，游戏种类繁杂多样，其中角色扮演游戏和卡牌游戏吸引了绝大部分用户的眼球，一些影视作品、动画片也设计了相应内容的游戏，还一度掀起了游戏产业的热潮。游戏创造出来的虚拟世界，满足了人们对神话、武侠等虚幻事物的幻想。人们会逐渐对虚拟世界产生依恋，更有甚者，会区分不了虚拟和现实，将它们混在一起。这对意志薄弱、辨别是非能力低的人具有极大威胁性，会使他们对一些事情产生错误的认识，小到对身体健康、大到对社会稳定，都有一定的影响。

2. 创新意识

现在是创新与科技盛行的时代，要想我国的文化产业能够跟得上潮流，跻身世界前列，我们就需要具有创新意识，但目前我国缺少文化产业方面的人才和资源，自主研发能力相对落后，故我国的文化产业发展仍处于相对低端的行列。

---

① 北京印刷学院文化产业安全研究院主编《中国文化产业安全报告（2015）》，社会科学文献出版社，2015。

就我国游戏产业而言，存在源代码抄袭，还有场景、美术资源、UI、游戏文本、游戏玩法等方面的抄袭。2009 年搜狐畅游就曾起诉麒麟网的《成吉思汗》使用了《天龙八部》的场景编辑器和部分重要的源代码，并索赔 1900 万元，最后结果是麒麟网在 2011 年的《法制晚报》上登报道歉，表示因管理不当侵犯了搜狐畅游场景编辑器的著作权，至于赔偿金额方面就没再说明了。当然与这相关的例子数不胜数，从严格意义上说，没有几家游戏公司能做到真正的原创。

3. 文化产业资本效率

尽管国家和政府对文化产业加大了支持力度，但由于游戏产业的发展，文化产业仍然面临严峻的考验，游戏的热度在很大程度上导致文化产业资本效率低下，资源获取道路变窄，不利于文化产业的生存，我们要高度重视。

（二）对外依存度

文化是一个国家文明的体现，它的思想精神、政治经济、价值观念等在文化交流上显得尤其重要。因此，从文化的依存度来看，我们不能过度地依赖外来资源，而应在出口与进口之间控制得当，取其精华去其糟粕，这才是防止文化入侵的适当之举。

1. 文化交流

在经济全球化的今天，我们不仅要发展国内的经济文化，还要积极参与国际合作。在选取外来元素时，我们不能盲目跟风，应当秉持我国既有的优良文化进行合理借鉴，而当我们在传播和弘扬我国的文化时，要谨记文化的思想精髓和深远意义，进行正确的传播，让文化交流深入人心，实现世界和平、经济共同繁荣的最终愿望。

2. 文化入侵

我国文化与世界各方文化进行交流时，必然伴随着文化入侵。游戏入侵是文化入侵的一种，我国现在大受欢迎的游戏大部分是借鉴国外的，甚至直接是国外的，游戏中的思想和价值观都是国外的，游戏中的各种元素也会影响人们的行为、性格。让人们在游戏中树立正确的人生观、价值观，让游戏变得和书籍一样，成为文化的一种载体，是我们共同努力的方向。

3. 文化输出

为了大力发展我国的文化产业，大部分的游戏软件开发商也在逐渐地注重在游戏中融入与传播文化，尤其是在2013年9月和10月习近平主席提出“一带一路”倡议后，我国深入推进经济和文化的发展，促进实现全球共同繁荣。习近平主席在“一带一路”国际合作高峰论坛上指出，携手推动“一带一路”建设行稳致远，将“一带一路”建成和平、繁荣、开放、创新、文明之路。创新与繁荣是我们在社会发展上的最终目标，科技创新包含了各行各业的技术进步，繁荣则是经济和文化共同发展的结果体现。显而易见，文化交流将是我们在“一带一路”建设上迈出的第一步，再结合我们实际的社会环境和人民大众的心之所向，娱乐传播的方式将会有更大的影响力，进而游戏产业的未来将会不可限量。它不仅能在一定程度上促进国民经济发展，也能传播我们的文化。文化和国民精神，把中国的文化产业以一种新的方式推向世界，并深入人心，使全面实现全球化更进一步。

五 结语

在21世纪里，经济全球化早已成为世界经济的重要特征之一，也是未来经济发展的趋势。而“一带一路”倡议的实施为经济全球化的实现奠定了坚实基础。在国际化环境下，我国的文化产业面临着机遇与挑战，文化产业安全是保证文化产业可持续发展以及国家文化前进的内在要求。

文化产业不应仅仅是曾经狭义的书籍报刊、装饰娱乐，在信息全球化、网络越来越发达便捷的今天，应该包含更多的内容。游戏这一网民极其喜爱的娱乐活动也应成为其中一种。我们应当重视这一新兴产业，例如，制作优秀的原创游戏，在游戏中融入中国元素、中国思想，在潜移默化地引导国人的同时向外传播中国文化。保障我国的文化产业安全，并把它推向世界。因此，在保证文化产业安全的前提下，利用新型的游戏产业来传播我国的文化不失为一种可取之法。

B.4
民族体育文化产业安全问题探析

刘统霞　李亚囡　王月和*

摘　要：　当今，民族体育文化产业的发展水平已经成为评价一个国家实力的重要指标，也是影响国家整体经济的重要因素。中国民族体育文化作为传统文化的一部分，其产业化程度及安全对于正处于从文化大国向文化强国转变进程中的中国尤为重要。本报告分析了中国民族体育文化变迁的历史背景及在全球化背景下发展的困境，并探讨分析在文化安全视角下如何应对全球化背景下国际体育产业的影响，特别是在保有自身个性、提升竞争力，进而促进国家文化产业的综合发展等方面尝试提出可行性策略建议。

关键词：　民族体育　文化产业　文化产业安全

中国民族体育文化作为中国传统文化的重要组成部分，是随着各民族社会生活的发展和几千年来历史的传承而出现的，有悠久的历史、丰富的内涵和显著的地域民族特征。从功能上看，民族体育主要以强身健体和社交娱乐为主。民族体育文化在兼具明显的地域性、民

* 刘统霞，文化人类学博士，北京印刷学院文化产业管理系副教授、硕士研究生导师，主要研究方向为文化产业管理与传媒文化研究；李亚囡，北京印刷学院 2019 级传媒经济与管理专业硕士研究生；王月和，北京印刷学院 2019 级传媒经济与管理专业硕士研究生。

俗传统性、节庆集会性和游艺表演性的同时，融合了当代体育文化的精华，成为现代社会生活的重要组成部分，正逐步以全新的面貌成为世界文化的瑰宝。中国民族体育文化是中华民族重要的文化遗产，在促进民族和谐、社会进步、国家稳定、人类文明进步等方面发挥着积极而特殊的作用。它的良性健康发展影响着中国文化的繁荣多元、文化软实力的提升和文化强国的建设。

随着社会的发展，民族体育文化产业作为文化产业的重要组成部分和强势崛起的新型经济形态，其发展水平已成为判断一个国家实力的重要指标，也成为影响中国整体经济的重要因素之一。在全球化的大背景下，民族体育文化产业的发展能够对一个国家政治、经济、文化的进步产生巨大影响。当前探索如何保护中国民族体育文化产业安全并提升其竞争力，对其研究视角和具体研究方法的探讨是个重要的学术课题，具有重要的理论研究意义；另一方面，有关民族体育产业的研究探索，对提升民族文化认同与促进民族团结、增强文化自觉、推动民族文化产业发展、促进文化事业繁荣发展等方面，都具有重要的社会现实意义。

一　民族体育文化产业安全的相关研究现状

国内学者对于民族体育文化安全及相关领域的研究最早可追溯到20世纪，之后随着中国体育产业的快速发展，近年来的研究成果更是层出不穷，而其中的许多研究成果非常具有代表性及研究意义。

首先，许多中国学者对文化安全的内涵进行了界定。胡惠林认为，国家文化安全是指一国的文化生存和持续发展及文化利益等处于不受威胁的状态。[①] 王畔领认为，“文化安全是指文化建设中民族文

① 胡惠林：《中国国家文化安全论》，上海人民出版社，2005，第12~23页。

化健全自身功能、机制的能力和防范风险、化解风险的能力，所谓当代中国的文化安全问题……从本质上讲，就是如何增强社会主义文化机体的功能，防止和化解内外风险的问题”[①]。文化安全是国家安全的重要组成部分，关系文化建设的方向，对于确保国家政治安全、经济安全、科技安全和军事安全具有重要意义。

通过对文化安全内涵的认识，我们可以进一步了解体育文化安全的内涵。从文化体系结构来看，体育文化安全涉及很多方面，包括某一国家或地区的体育物质、制度、行为、思想观念等层面，它们都在自身文化系统内安全运行、持续发展，承载着民族体育的价值理想；从体育文化建设方面来看，体育文化安全是指体育文化在传播、交流的过程中，其民族性、自主性等文化特征得以保持和发展。由此可以看出，在全球化背景下民族体育文化安全是指在多元体育文化的交流与竞争中，保持自身的民族性、自主性和特殊性，并在与其他国家、民族文化的对话博弈中获得话语权。

其次，当前国内已有一些学者对如何保护民族体育文化安全进行了相关研究。王畔领在其文章《体育文化安全及其实现途径》中对体育文化安全的内涵进行界定并从文化建设的角度进行阐述，认为实现民族体育文化安全要从弘扬和培育中华体育精神及实行体育文化管制保护等方面着手。[②] 马德浩和季浏在《民族传统体育文化面临的安全威胁及其应对策略》一文中，对民族传统体育文化安全的重要性进行了阐述，并认为加大宣传、调整战略和政策、加强教育和创新性改造等是保护民族传统体育文化安全的重要策略。[③] 石玉虎在《国家

① 王畔领：《体育文化安全及其实现途径》，《体育科技文献通报》2010 年第 10 期，第 108 ~ 110 页。

② 王畔领：《体育文化安全及其实现途径》，《体育科技文献通报》2010 年第 10 期，第 108 ~ 110 页。

③ 马德浩、季浏：《民族传统体育文化面临的安全威胁及其应对策略》，《上海体育学院学报》2015 年第 6 期，第 95 ~ 99 页。

文化安全视域下中国体育文化安全问题管窥与思考》中认为，要保护体育文化安全就应树立体育文化自觉、体育文化多元发展和体育文化整合的态度。① 在《体育强国建设中的文化安全命题》一文中，黄聚云认为文化霸权、消费主义和文化失范是影响中国民族体育文化安全的重要因素，文化自觉、塑造国民精神和让体育融入国民的生命实践是体育强国重要的内涵建设。② 李荣芝与党晓云在《全球化背景下我国民族传统体育的功能再认识及传承系统构建》中试图构建包括不同层级传承主体、能够形成传承合力的传承体系，如学校、家庭和社会、各级民族传统体育协会、以少数民族运动会为代表的各级各类体育赛事等。③ 其传承系统如图1所示。

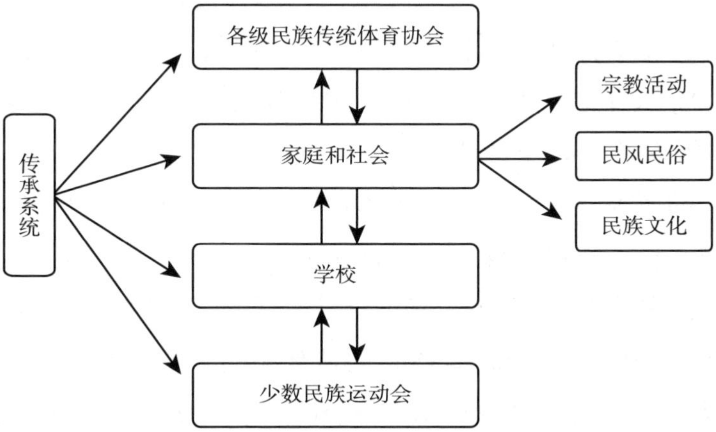

图1　民族传统体育传承系统

资料来源：李荣芝、党晓云：《全球化背景下我国民族传统体育的功能再认识及传承系统构建》，《首都体育学院学报》2012年第1期，第49~53页。

---

① 石玉虎：《国家文化安全视域下中国体育文化安全问题管窥与思考》，《天津体育学院学报》2013年第1期，第75~78页。

② 黄聚云：《体育强国建设中的文化安全命题》，《上海体育学院学报》2012年第3期，第7~13页。

③ 李荣芝、党晓云：《全球化背景下我国民族传统体育的功能再认识及传承系统构建》，《首都体育学院学报》2012年第1期，第49~53页。

除此之外，在体育文化产业方面，一些学者也做了相关的研究。闫玉峰的《提升文化软实力视域下民族传统体育产业的发展》一文从文化、社会、经济三个角度对处于发展初期的中国民族传统体育产业进行了透彻的分析，探讨了我国现阶段民族传统体育产业传承与发展所面临的主要问题，提出了在国家致力于提高文化软实力的背景下，我国民族传统体育产业发展策略面临的主要问题。[①] 王大川在《新常态下少数民族体育文化产业转型升级策略》中为民族体育文化产业转型升级提供了新思路，认为保护民族体育文化、创立体育产业链、培育体育文化市场运作体系、坚持走国际化发展之路是民族体育文化产业转型的必经之路。[②] 汪华锋在《全球化语境下我国体育文化产业发展战略研讨》中认为，全球化为体育文化产业带来了新机遇，并提出要正视体育文化产业的发展前途、将保护民族传统体育文化放在首位、将体育文化产业与新兴媒体结合以及发挥体育文化特性以发展体育文化创意产业等战略思路。[③]

以上的研究分析拓展了民族体育文化产业的内涵。民族体育文化产业是与文化产业和体育产业紧密相关的概念，民族体育除了本来的体育属性之外，还有区别于其他体育项目的民族属性和文化属性。以民族体育的资源和产品为核心的民族体育文化产业同样具有上述属性。从内涵来看，体育文化产业注重生产具有体育精神的产品；从范畴来看，体育文化产业主要包括体育竞技表演业、体育健身娱乐业、体育教育业、体育旅游业、体育展览业、体育广播、体育电视、体育录像以及体育赛事等。从某种程度上讲，民族体育文化产

① 闫玉峰：《提升文化软实力视域下民族传统体育产业的发展》，《成都体育学院学报》2011年第8期。

② 王大川：《新常态下少数民族体育文化产业转型升级策略》，《贵州民族研究》2015年第6期。

③ 汪华锋：《全球化语境下我国体育文化产业发展战略研讨》，《山东农业工程学院学报》2016年第6期。

业作为民族文化的重要组成部分，与文化产业和体育产业存在共生的紧密关系。

民族体育文化产业安全问题是一个关乎国家整体安全与国计民生的重要问题，尽管以往相关文章已对中国民族体育文化产业安全问题进行了探索性分析，但缺乏对当前全球化场景的足够认识和在此背景基础上的深入研究。本报告将在原有文献的基础上进一步进行分析，以全球化为研究背景，着眼于文化产业安全的发展，梳理分析中国民族体育文化产业面临的种种问题，并提出具体的可行性建议。

二　不同视角下民族体育文化产业安全存在的问题

（一）全球化进展与民族体育文化产业安全存在的问题

在全球化的国际竞争中，整个国家的安全体系与文化安全息息相关，文化安全的程度取决于文化本身的竞争力，而文化的竞争力很大程度上体现为文化产业的竞争力。在全球化浪潮的席卷之下，国际各个经济体和体育组织紧密联系在一起，不同国家和地区的体育文化相互融合、相互吸纳。

中国民族体育文化的安全已不同程度地受到西方文化的影响，中国民族体育文化的生存与发展也面临冲击和压力。以奥林匹克运动为代表的竞技体育文化被越来越多的民众接受和认同，柔道、高尔夫、瑜伽、拉丁、跆拳道等外来项目受到高度关注，甚至成为城市时尚文化的标配。而中国民族体育文化正在渐渐被人们遗忘，越来越少的人选择武术散打、打太极拳、放风筝、划龙舟等传统体育项目，摔跤、套马、打陀螺、吹枪等少数民族特色运动项目甚至渐渐失去传承。昔日纷繁多元的中国民族体育文化日渐边缘化，很多民族体育文化项目也已陷入既无字记载，也无人传承的局面。民族体育文化在创新乏力的情况下，慢慢丧失了对现代社会生活的影响力。民族体育文化在纵向传承和横向传播等方面存在问题，恰是说明了它存在生存危机和安全问题。

至此境况，维护我国民族体育的文化安全不仅是国家和民族的责任，也是时代的要求。中国民族体育文化竞争力以及体育文化产业的发展程度对增进我国民族体育文化安全起着决定性作用。故而，促进中国民族体育文化产业的发展，进一步培育并提升民族体育文化产业竞争力，从而保障中国民族体育文化安全，意义重大而深远。

1. 民族体育文化被边缘化

由经济全球化带来的国家间的文化交流愈加便捷多样，随之各类体育文化涌入中国，尤以奥林匹克运动为代表的竞技体育为甚。以奥林匹克文化为代表的现代竞技体育文化，逐步扩展到全世界。全球性竞技体育文化思想日益稳固，又随着全球工业化和城市化的飞速发展，原来基于传统农耕或游牧文化的中国民族体育文化越来越边缘化。在体育赛事上，当前奥运会 300 多个项目中绝大多数是西方人的传统运动竞赛项目，而且西方国家还利用其发达的传媒技术和科技手段，积极地向全世界推广其职业体育赛事，中国民族体育项目相对来说未能得到较好的发展。在竞赛规则方面，西方体育运动项目通常用数据决定比赛的输赢，如篮球比赛通过比较双方进球数量的所得分数决定比赛的输赢，且强调冠军只有一个，中国民族体育运动项目则往往强调参与者在比赛中的演绎水平，而当前国际大多数赛事采取的是西方的竞赛规则。在思想价值观方面，西方体育文化追求冒险、竞争与自我，在竞技体育文化的传播以及中国采取的竞技体育优先发展战略之下，中国民族体育项目中原有的传统文化价值理念被日益消解，如打太极、抖空竹重在修身养性、强身健体的文化理念，荡秋千传统上讲究应时应景、聚众娱乐的民俗意义。

2. 民族体育文化创新力的缺失

全球化导致的另一个安全问题就是中国民族体育文化创新能力的相对缺失。在全球化进程的推进中，文化要生存和有效传承发展与创新密不可分，民族体育文化更是如此。在全球化背景下，中国民族体育文化产业要想得到良好的生存和发展，进行民族体育文化的创新是根本。中国五千年的历史为我们留下了丰富多彩的民族体育文化，然而随着时间的推移，许多民族体育项目还存在现实上的传播不足和重要赛事上的缺席。如中华武术，就因其自身种类众多、规则多样难以成为奥运会项目。但是一个优秀民族体育项目无论其民族文化的内涵特征多丰富，其传承都需要不同民众主体的广泛参与，即它需要具有大众普遍容易接受的参与规则，而这一点正是中国许多民族传统体育项目所欠缺的。如在太极拳的当代传承中，能让现代民众演习和在国际上展演并被了解的只是被创新改编了的简易二十四式太极拳。随着产业化和城市化的发展，民族地域内的生计模式、居住模式和休闲交际互动模式已经发生了巨大变化，有的民族体育活动因在组织模式、展演场地、体育道具及传承传播方式上缺乏创新而边缘化。我们应创新继承民族体育文化的优秀部分，在不改变其固有文化内涵的基础上，对其进行适时改良并加以整合创新，展现中国民族体育文化的魅力，使其实现可持续健康安全发展。

3. 民族体育文化产业受到外来市场的冲击

借助现代通信手段，随着经济全球化的深入发展，外国的体育项目开始大量涌入中国。NBA、跆拳道、“空手道”、“瑜伽术”等项目的赛事转播或教育培训大量涌入中国市场，并迅速发展为成熟的产业链条，对原本就不够强大的中国民族体育文化产业造成了影响。全球化带来国外体育项目的传入，对于像中国这样体育文化市场发展晚近、自己独特的产业发展模式还未形成的国家来说，是有较大影响的。国外体育项目的大量涌入，对中国市场的占领，所获取的不仅仅是经济上的利益，更为重要的是，某些体育项目认同度的形成会给中国民族体育文化产业发展模式上的探索带来很大的阻力，也给中国民族体育文化的自主创新带来极大的挑战。

（二）民族文化的特性与民族体育文化产业安全存在的问题

如前面所述，民族体育文化产业具有民族属性和文化属性，是文化产业与体育产业的经济共生体。而民族文化是人类共有的财富，随着全球化进程的推进，世界文化市场为民族文化的繁荣发展提供了更多的机会和展示的舞台。世界文化的形成实质上是多元民族文化共同组建、相互融合的成果。根植于不同国家的民族体育不仅具备体育文化的一般特征和属性，而且具有自身独有的民族特色，带有独特的民族文化气息，包含特有的民族意识，如美式橄榄球和棒球，体现着美国人所崇尚的团体合作精神（team spirit）、公平竞争（fair play）原则。每一个国家或地区都有自己的传统体育项目，在一定程度上成为民族体育文化的重要内容。

中华民族具有上下五千年的文明历史，不仅开辟了各家思想、创造了科技文明，同时也书写了灿烂独特的民族文化，其中也包括独具一格的民族体育文化。如中华武术、气功、围棋、中国象棋、中国式摔跤、马球、龙舟、舞狮、赛马、围猎等，乃至现在流行并深受各民族喜爱的体育娱乐和健身活动文化等，都是中华民族优秀的标志性民族体育文化内容。它们不仅具有中华民族文化的特色，而且影响了东方甚至世界上许多国家文化的变化和发展。

民族体育文化是民族文化中独特的重要组成部分，保护民族体育文化安全就是保护民族文化安全。当前中国民族体育文化的发展仍存在一些问题，导致了民族体育文化安全性的缺失以及民族体育文化产业的滞后。

1. 民族文化自觉与文化自信的钝化

文化安全问题，说到底是如何处理文化关系的问题。要保护国家民族文化的安全、促进民族文化传承与发展，就必须从根本上增强文化自觉和文化认同，这是对待文化安全问题的基本态度。近百年来，民族文化的认同度在全球化进程中受到很大挑战。当前，美国 NBA、欧洲杯足球等西方竞技体育项目的普及和奥林匹克等竞技运动精神的推崇已成为中国当代体育发展的主要组成部分，影响着每个人的思想和生活，从而使人们特别是年青一代产生了对西方体育文化的高度认同心理，认为西方体育文化代表时尚化、国际化，而对民族文化不以为意。这种民族情绪的存在钝化了中国民族体育文化自觉与文化自信，进一步影响了民族体育生存、传播和发展。所以当前中国民族体育文化要安全发展，必须从提升文化自觉与文化自信的源头上抓起。

2. 民族体育文化产业的发展结构不合理

在当前“由体育大国向体育强国转变”以及“由文化大国向文化强国转变”的社会语境下，民族体育文化产业在我国体育文化产业中的重要地位和作用可见一斑。但是，从当前体育产业发展的形势来看，地区之间民族体育文化产业发展不平衡，除武术、划龙舟等知名的民族体育项目外，其他民族体育项目的产业化发展缓慢，甚至有许多仍处于萌芽阶段。究其原因，是由于不同地域之间经济、教育发展水平不同，相应地造成了民族体育文化保护、继承及发展的不均衡。再加上产业机制和市场经济发展的局限等导致中国民族体育文化产业本身先天发育不良，管理体制创新不足，后发优势不足，这些都成为阻碍民族体育文化产业快速发展的因素。从目前中国各个区域民族体育文化产业发展的现状来看，中国西南的少数民族地区发展还算良好，如广西、云南、贵州、四川等。这些地区民族特性强，民族体育文化独特且深厚，文化认同度高，传承体系完整。而中国其他区域发展相对较差。从民族体育文化产业的内容特点来看，当前发展势头较好的项目为划龙舟、赛马等竞技性项目，其他民族体育项目并没有深入发展，产业结构单一。从时间上来看，连续性与持续性不足，许多地域的民族体育文化活动只在特殊的节日里举办，在平时则很少被问津，没有成为日常休闲活动，如北京的幡会主要在年节庙会上由京郊村落的村民联合展演，酬神娱人。

3. 民族体育文化开发观念守旧

中国五千年的悠久文化历史为我们带来了丰富多彩的民族体育项目和文化资源，其独特性、大众性、多样性、娱乐性和观赏性，是国外体育项目特别是竞技体育项目所不具备的优点，这也使中国民族体育文化产业具有独特的竞争发展优势。但长久以来，由于在观念、认识、行为模式和管理体制等方面守旧束缚，中国对待民族体育文化的态度还停留在仅将其作为文化遗产项目保护与继承的层面上，并没有将其看作具有特殊发展潜力、能带动社会经济发展的宝贵文化资源来进行创新与开发，目前已经开发的一些民族体育文化资源项目，还没有形成一定的发展规模，仍停留在自娱自乐的层面，如甩铁鞭、抖空竹、踢毽子、放风筝等。人们只是将其作为一种休闲娱乐的方式，对于它们内在的巨大经济价值却视而不见。在产业经济方面也有些短视，只将目光放在民族体育项目的新奇、独特这些小众的特点上，没有将民族体育文化内在的特殊优势和内涵特征转化为经济领先优势，也没有充分利用民族体育文化的内在价值。因此，我们必须利用全球化所带来的产业发展经验，借助后发优势，提升中国民族体育文化产业的全球竞争力，以此维护中国民族体育文化安全。

三　文化安全视角下的民族体育文化产业保护措施

目前，人们普遍认识到民族体育文化产业在维护民族团结与和谐、促进经济发展等方面的重要作用，重视中国民族体育文化产业的安全问题也成为普遍共识。如何培育中国民族体育文化产业的全球竞争力与维护中国民族体育文化产业的安全成为亟待解决的问题。

任何一种文化要立足于世界民族之林，就必须保持其民族性与传统性，进而保证其安全与发展。然而值得注意的是，随着全球化进程的不断推进，中国民族体育文化与西方体育文化之间的竞争还将继续，但与此同时，这种文化竞争也推动着双方体育文化的交流与发展。在面对全球化挑战时，中国民族体育文化如何把握机遇，在保护自身安全的同时进一步提升国际竞争力是当前要解决的主要问题。基于中国民族体育文化发展面临的由以上所谈到的内外因素所引发的安全问题，完善保障措施、加强创新、树立文化自觉自信与促进体育文化产业发展等措施的有效实施，对中国民族体育文化产业的良性可持续发展来说显得很有必要。

（一）完善政府的管理职能，实施民族体育文化发展的保障措施

为了保护中国民族体育文化的安全，并使其能够进一步得到传承和发展，必须对中国民族体育文化的保障措施进行健全完善，使其发展有明确的制度和政策作为支撑。在这一方面，政府的有效管理显得尤为重要，政府应当为民族体育文化传承与保护制定相应的政策和法律法规，如为促进民族体育产业发展制定必要的财税政策，

在国家教育体系中对民族体育人才培养进行政策倾斜，对民间体育组织实行宽松管理，在城市治理中为民族体育的发展提供必要的场地等。

用实际的保障措施为民族体育文化的安全保驾护航，从制度层面保证民族体育的主体地位。从这个角度来看，法国政府主导模式下的文化保护机制值得我们借鉴学习。早在 20 世纪初，法国政府就开始对包括民族体育文化在内的文化遗产实施了一系列保护措施，并始终将保护文化遗产放在文化政策的首要位置，从而保证了法国文化的安全与繁荣。

中国当前民族体育文化的现实发展更离不开政府的支持，所以要充分发挥政府的引导作用，各级地方政府和相关部门应积极配合，鼓励社会参与，逐渐形成完善的民族体育文化保护机制，出台相应的保护条例和配套的法律法规，以解决当前中国民族体育文化所面临的困境。如 2016 年国务院出台了《全民健身计划（2016—2020 年）》，从中就能看出中国政府对保护民族传统体育文化的决心，该计划将弘扬中华体育精神放在了主要任务中的首要位置。

（二）博采众长，探索民族体育文化产业创新发展的新模式

文化的创新能力是文化力的本源，要实现中国民族体育文化在全球化竞争中的安全生存与发展，不仅需要适应力，还必须增强自身的文化创新能力，使民族体育文化符合现代化的发展特点。民族体育文化的创新发展不是对传统体育的复制，也不是完全摒弃民族特性、照搬西方体育的发展模式，而是既要保留民族的传统性，又要充分利用现代技术条件，并体现时代精神与思想的新样态。

要解决当前中国民族体育文化面临的安全问题，就必须把增强民族体育文化的创新提高到事关中华民族文化兴衰存亡的高度来加以认识和要求。增强自身的文化创新能力，加强体育文化观念的创新，在

体育文化内容、传播传承形式和专业人才培养体制等方面实现创新。把握住全球化带来的种种机会，在与世界体育文化的交流过程中，敞开胸襟接纳并吸收外来的优秀文化，特别是西方国家对体育产业领域的宽松管理，对体育转播权形成的保护机制，以及体育产业的市场化、产业化运作模式，使发展民族体育产业链条上各主体的能动性得到最大限度的发挥。在体育文化交流中，应该取长补短，创新发展，只有这样，民族体育文化才能保持健康的适应力，慢慢发展出优势竞争力。

（三）培养民族文化自觉，使民族体育文化传承理念贯穿整个教育体系

由于世界进一步融合发展，中国民族体育文化在现代化的进程中受到冲击和挑战，在当前情境下，唤醒中国民众的文化自觉并重新树立文化自信是要解决的重要问题之一。文化自觉是对自身问题和他者文化的客观认识，其重点是认同自家的文化精神、文化价值和文化定位。[①] 民族体育领域的文化自觉是在面对西方文化冲击时对民族体育文化发展的深度认清和对其意义的高度认可。而文化自信是对一个国家民族自身文化价值和生命力的充分肯定，是对民族体育文化的高度认同感和荣誉感。

一个民族文化自觉的培养应该从娃娃抓起，因材施教，民族体育文化具有地域性特点，因此，应在中小学的体育课和体育赛事上，加上民族体育内容；把民族体育文化象征内涵及节日性背后的价值和意义写入地方历史文化课中；在中高等教育中培养专门的体育人才。如山东商河县为了传承当地具有武术特征的民间舞蹈“鼓子秧歌”，开

① 孟宪平：《论中国文化安全视阈中的文化自觉和文化认同》，《新远见》2009 年第 4 期，第 56 ~ 66 页。

展了“鼓子秧歌进课堂”普及活动。将“鼓子秧歌”的教学纳入中小学体育课和幼儿园的活动课。目前，在全县在这一民间活动的年节比赛中，中小学生和幼儿园的小朋友成为展演的主力。这一活动的灵活实施，很好地引导了学生从小习得当地的民族体育文化，做好当地民族体育文化保护的参与者、践行者和传播者。

民族体育文化产业的发展能够满足人们的精神需求，可以帮助人们增强民族自豪感，弘扬中国民族体育文化。人们应该正视民族体育文化产业的发展前途，坚信民族体育文化产业未来能蓬勃发展，更要相信它自身所具有的文化价值。中国民族体育文化的保护与传承的真正动力应该建立在认知层面上，如在反思的基础上建立文化自觉与文化自信，在全面认识的基础上建立认同感与责任感，自觉传承中国民族体育精神的优秀传统。面对全球化带来的机遇与挑战，树立文化自觉与文化自信，不应仅体现在认知方面，更需要我们去践行，积极主动选择参与民族体育项目，让民族文化融入我们的体育生活，自觉成为民族体育文化的传播者。这也是维护中国体育文化安全、提升其国际竞争力和影响力的重要途径。

（四）建立立体多元机制，促进民族体育文化产业的进一步发展

民族体育文化的安全与繁荣发展不能仅依靠政府的扶持和民众意识上的改变。在全球化进程中，当前世界上不同文化的竞争力，更加鲜明地体现为文化产业的竞争力。中国民族体育文化竞争能力同样依赖并取决于中国民族体育文化产业的竞争力水平。但目前中国民族体育文化产业发展结构不合理，而且民族体育文化产业还未充分开发，外来体育文化产业带来的冲击仍需引起重视。要促进民族体育文化产业的发展，应主要从以下几方面入手。

首先，政府要充分调动社会各方的积极性，建立多元化资金筹集

和投融资机制，最大限度地利用税收、信贷和价格等经济杠杆，发挥导向作用，协助体育文化产业的整体布局和调整。

其次，民族体育文化的主体是民众，因此，要鼓励、引导民众对体育文化项目的参与热情，形成全民参与、全民共建、全民获益的民族体育文化机制，扩大我国民族体育文化的受众范围，更好地传播体育文化。

再次，各地域和地区的民族体育文化产业发展不均衡，要重点突破，促使地域范围内产业化突出的民族体育文化项目起到引领示范和经验分享的作用，引领不同地区各个民族体育文化项目的共同发展。

最后，在市场经济条件下，体育产业发展应注重与旅游、教育、传播服务等行业的横向融合发展，并在融合发展的基础上，大力发展民族体育文化创意产业，增加附加值，延长产业链，扩大产业规模，使我国的体育文化特性更加凸显。另外，发展民族体育文化创意产业也能够从侧面体现中国体育文化的创新性，形成良性互动的体育文化生态。

中国的民族体育文化产业也应与国外的体育文化产业进行交流与合作，吸取国外体育文化产业的经验与优势，共同支持体育文化的发展，促进产业与产业之间的合作，推动体育文化产业的迅速壮大，提高我国民族体育文化产业在国际市场上的竞争力，维护我国民族体育文化在全球化中的安全。

除此以外，还要充分利用人工智能、“互联网+”和新媒体等科学技术、传播手段进行体育传播产品的设计制作、拓展传播渠道和开拓消费市场，让体育运动和体育创意产品的消费成为人们日常生活的一部分。

总之，我们必须认识到体育文化产业现今已成为一种推动经济发展的重要产业，要维护民族体育文化产业安全，就要建立起动态互动、立体多元的保护措施体系。要从源头上培养民族文化保护与传承的意识，做好国家层面的体育产业制度设计，调动不同社会主体的参与积极性，围绕市场需求配置资源，促进产业融合发展，并有效借鉴国际经验，建立起高效的体育转播机制和严格的体育产品版权保护机制，充分应用现代制造技术和传媒通信技术，打造有助于全面提升民族体育文化产业生存能力与竞争力的文化生态。具有持续竞争力的民族体育文化产业从长期来看是最安全的。

案 例 篇

Case Studies

B.5

休闲文化空间与老年休闲文化产业发展的问题研究

——以北京市为例

王 蕾*

摘　要： 受到历史因素和原有城市规划空间的制约，北京市内城区的老年休闲发展空间有限，公园绿地空间与老年人口分布失衡，市民休闲公园的建设与管理中存在诸多问题，城市老年服务设施与老年社会的休闲需求之间存在结构性矛盾。为适应未来不断变化的老年休闲需求，北京市必须重视老年休闲空间和休闲设施规划工作，建立以需求为导向的老年休闲空间与休闲设施规划机制，全力拓

* 王蕾，博士，北京印刷学院文化产业管理系讲师，主要研究方向为休闲产业与文化旅游。

展社区休闲空间、全面开发社区休闲功能。

关键词： 休闲文化空间　休闲设施　城市规划　北京

一　城市休闲文化空间的特征分析

城市休闲文化空间是城市居民日常休闲生活的场所，能满足居民亲近自然、社会参与和休闲娱乐的文化需求。老年人作为城市休闲文化的主要群体，休闲文化空间规划与休闲设施建设与他们的生活息息相关。休闲文化空间的功能和布局在很大程度上决定了老年人的休闲模式，直接影响到老年人的休闲生活质量，对满足老年群体的生理和心理需求具有十分重要的意义。相对于中青年人来说，老年人拥有的闲暇时间较多，对休闲活动的需求较大，由于其生理特点，老年人的休闲文化空间也具有鲜明的特征。

（一）无障碍、安全化

老年人最主要的生理特点是身体行动不够灵活，即使是健康状况良好的老年人也很难与中青年人的身体素质相提并论，因此，休闲活动空间的便利程度和安全问题是老年人考虑的首要因素，尤其是对于腿脚不便的老年人来说，无障碍的休闲文化空间就更加重要。同时，为了方便老年人出行，休闲文化空间通常分布在老年人的居住社区或距离社区不远的地点。

（二）生活化、程式化

老年人休闲活动最大的特点就是规律性，一旦老年人经过比较选择确定了自己的休闲场所，通常不会改变，特别是参与户外休闲活动时，休闲时间和参与人员也相对固定，休闲已经成为他们日常生活中不可或缺的一部分。另外，社区休闲场所或市民公园的实体建筑建成后，短时间内一般不会有较大变化。因此，老年休闲文化空间呈现鲜明的生活化、程式化特征。

（三）公益性、开放性

受经济收入和消费习惯的影响，老年人偏好的休闲空间通常带有一定的公益性质，要么免费开放，要么只象征性地收取小部分费用，而且活动场所几乎是全天候对外开放，方便不同作息习惯的老年人使用，体现社会福利功能。

二　北京城市规划在满足老年休闲需求过程中存在的问题

人口老龄化将对社会的发展产生深刻的影响，并引发各种新的社会问题。北京市早已意识到这一问题的严重性，并在城市规划中有意识地加强规划引导。在总体规划上，北京市提出要从全市区域空间的角度出发，大量设置市级标准的养老场所，例如老年人俱乐部、老年人康复中心、老年人服务中心等设施，主要用于满足“老有所养、老有所乐、老有所学、老有所为、老有所医”的现实需要。同时在详细规划中提出，对建立老年公寓、多样化住宅类型的居住用地，对文化娱乐场所及医疗保健用地的公共建筑也应进行相应规划，并对公共绿地、道路广场用地进行了说明。但面对人口老龄化不断加剧的新形势，城市规划与老年休闲需求之间的矛盾也日益突出。

（一）原有城市规划对老龄化趋势的预见性不足

目前，面对人口老龄化不断加剧的发展趋势，北京市适时推出

“9064”养老发展战略，即到2020年实现全市老年人口家庭养老的比例达到90%，全市老年人口社区养老的比例达到6%，其余4%的老年人口实现机构养老。然而，原有城市规划对老龄化的预见性却略显不足。2005年北京市出台了《北京城市总体规划（2004年—2020年）》，该规划对北京城市的公共服务设施做出一定的规划设计。随后为了进一步落实这项规划，北京市又出台了《北京市居住公共服务设施规划设计指标》（2006），明确指出在北京城市规划中要增加老年人口生活服务设施等社会福利类设施的建设。但是从目前北京市的老龄化发展趋势来看，老年人口的增长速度与所占人口比重已超出原有规划文件的预测结果，原有的老年公共服务设施规划指标也相对滞后，已经无法满足不断增加的城市老龄化人口需求。

（二）现有公园绿地供给与老年人休闲需求失衡

当前北京市各区县老年人口的总体分布非常不平衡，人口老龄化的地区差异显著，城市老年总人口分布呈现人口在内城区集聚、由内向外逐步递减的格局。其中首都功能核心区和城市功能拓展区（东城、西城、朝阳、丰台、石景山和海淀六区）承载着全市约2/3的老年人口。但从全市公园绿地的空间分布来看，根据北京市第七次园林绿化资源普查结果报告，全市公共绿地共180.6974平方公里，公园绿地空间分布格局以郊区面积最多，而城六区所含规划市区内公共绿地总面积仅占全市公共绿地总面积的35.59%。也就是说，城六区作为全市老年人口的集聚区，其休闲绿地的供给量与老年人口的需求量存在严重的比例失衡。中心城区公园条件优越、交通便利、配套设施齐全、管理规范且价格低廉，对城区老年人具有较强的吸引力，但是面对主城区几十万的老年人口，这些优质的绿地休闲资源供不应求。公园绿地资源的紧缺状态可能造成老年人休闲生活质量的下降，导致更多矛盾产生。

（三）公园绿地配套建设与管理中存在诸多问题

在配套建设指标方面，北京市虽然出台了《北京市新建改建居住区公共服务设施配套建设指标》，要求新建、改建居住区的建设单位将养老服务机构的建设纳入建设工程规划设计方案落实配套。但在实际建设过程中，受经济利益的驱使，城市老年人的社区公共活动空间，尤其是公共休闲绿地等场所，往往被一些开发商用于其他功能开发，城市的休闲绿地面积不断缩减，无法满足城市老年人口日常休闲活动的需要。一方面是过快增长的老年休闲需求，一方面是现有公园绿地的供给严重不足，二者之间的矛盾已经日益凸显。

1. 活动场所定位不明，动态休闲与静态休闲活动相冲突

在对老年人进行满意度调查的访谈中发现，老年人对目前公园活动场所的功能定位存在诸多意见，主要矛盾是公园对各个开放活动空间的定位不明确，造成参与动态休闲活动的老年人与偏好静态休闲活动的老年人之间的矛盾，抱怨主要来自偏好静态休闲活动的这部分群体。造成这一矛盾的主要原因还是在于现有公园休闲空间有限，并且基本上各公园没有对现有的休闲活动场所进行专门的定位和规划，多数都是老年人自发组织活动，按照长期以来的活动习惯对公园的休闲空间进行划分，导致老年人的休闲活动时间与空间都受到制约。

2. 公园的商业经营对老年休闲体验造成影响

公园作为城市里的公共福利设施势必具有社会公益的属性，如今北京市的多数市民公园是免费对外开放的，而且对于收费公园，老年人基本可以凭老年证免费入园或办理月票，出入非常方便。但是，公园在为市民提供公共福利的同时也因自身的经营发展带来很多问题。有的公园经营管理者会利用公园场地和公共设施举办商业活动牟取经济利益，这难免背离了公园免费开放政策的初衷。以地坛公园为例，

该公园自2002年起每年都会举办2~3届大型书市，每次书市持续时间长达十几天，书市期间人潮涌动而且公园门票也会由2元涨到5元。对此，经常到地坛公园休闲健身的老年人非常不满，但是他们对此也很无奈，要么在书市期间选择到附近其他公园活动，要么缩短自己的活动时间以避开人流高峰期。不仅如此，地坛公园也经常举办类似相亲大会之类的商业活动。这些都给老年人的休闲活动带来了不便。在访谈中也有部分老年人对公园的经营管理者利用公园的公共场所举办商业活动或商业会展的行为表示理解，他们表示，如果公园经营管理者组织的是一些摄影、书画等主题的文化展览，将会受到老年人的喜爱和热捧。

在公园的经营管理中，令老年人不满的另一行为是公园经营管理者出于商业目的对公园景观肆意施工改造。以柳荫公园为例，居住在附近小区的老年人反映该公园近几年常年有施工改造工程，因为施工现场的噪声该公园曾经遭到周边小区居民的投诉，而且为了增加经济效益，公园经营管理者将公园中心位置的一个小岛肆意改建，将原本对外开放的公共休闲场所改建为收费的茶社，并且将一部分公共空间圈为私有的商业设施，大大缩小了原有的休闲活动空间。原本喜欢到该处进行合唱活动的老年人不得不另觅合适的活动场所，附近居民几度向公园管理机构抗议，但是都没有得到很好的解决，不仅公园的景观遭到破坏，更影响了休闲活动者的情绪和休闲体验。

3. 休闲服务设施的建设与管理不到位

城市公园的休闲服务设施建设水平能够体现一个城市的建设理念和管理水准，休闲服务设施不仅要有数量保证，更要注重建设质量和细节。以无障碍设施为例，在访谈中我们也遇到一些行动不便的坐轮椅的老年人，他们虽然腿脚不便，但是只要天气条件允许，他们就会在家人的帮助下到就近的公园活动。很多老年人反映公园的无障碍设施在近几年得到大幅改善，很多公园的主干道上都增加了坡道等以便于轮椅出行，但是很多景观小道还维持着以前的设施状态，未设置无障碍通道。以紫竹院公园为例，该公园夏天荷花盛开，吸引很多老年人前往公园赏荷，但荷花池边很多景观道路都是阶梯，我们在调查中偶遇一位坐轮椅的老人在家人的搀扶下艰难地走到池边赏荷，而公园不远处的主路上就有无障碍坡道，二者构成强烈对比。今后该公园应从休闲服务的角度出发，在细节处大力加强休闲设施建设。此外，在调查中我们还发现，目前北京市公园与社区的休闲服务设施建设和管理中还存在很多其他问题：公园的座椅数量不够多，位置设置不合理，很多座椅为了美观没有设计靠背，不利于老年人休息倚靠；公园绿地的夜间照明系统普遍配置不足，没有在基本照明功能的基础上突出重点照明功能，在公园的出入口、障碍物、道路交叉口、台阶坡道及转弯处等特殊位置，应该增加照明设施，以便于老年人辨别景观高差和深度，杜绝安全隐患问题的发生。比较突出的问题主要集中在休闲健身设施的维护不到位方面，多数老年人反映自己居住的小区配备了现代化的健身设施，但问题是一方面设备的数量有限，而且健身设施经常被年轻人和小孩占据，另一方面健身设施由于使用不当或年份已久，部分已损坏却迟迟没有得到很好的维护。这种健身设施“有人建无人修”的现象并不是个别问题，而是在很多小区都存在，只是设施的损毁程度有所区别而已。

三　北京市休闲文化空间功能优化的相关建议

当前老龄化社会出现的新型老年休闲特征，以及城市规划中存在的一系列问题，使北京市的城市规划和建设面临着严峻的考验。为了应对新时代背景下的挑战，适应未来不断变化的老年休闲需求，北京市必须重视休闲文化空间和休闲设施规划工作。本报告根据国内外的实践经验和北京市的实际情况，对北京市休闲文化空间和休闲设施规划的改进提出以下几点建议。

1. 调整休闲文化空间布局，实施区域差异化发展战略

从宏观层面上来看，当前北京市的休闲文化空间布局与老年人口分布之间的矛盾是影响北京市老年人休闲生活质量的主要因素，但是，要在短期内解决这一矛盾并不现实。首先，在公园绿地空间方面，北京市公共绿地空间布局调整的难度是非常大的，因受到北京市城区土地资源和空间布局的制约，在北京市四环范围内，目前已经很难再增加大规模的公共绿地空间以满足内城区密集的老年人口的休闲需求；其次，北京市目前的老年人口分布形势是社会经济和历史因素共同作用的结果，无法进行人工干预调节，不可能人为地将内城区的老年人口迁到远郊区居住。

因此，北京市休闲文化空间布局调整应该采取区域统筹布局和差异化发展的战略。在现有的老年休闲设施的基础上，首都功能核心区要充分挖掘本区域潜力，发挥现有公共绿地空间的休闲功能，调动闲置的老年休闲设施和资源，全力保障城市中心地区密集老年人口的休闲服务质量；城市功能扩展区和城市发展新区在满足本区域老年休闲服务需求的同时，加快拓展老年休闲服务空间，扩大服务范围；生态涵养发展区应充分依托自然条件和地域优势，大力开发新型老年休闲空间，引导投资建设市场化、现代化的为老服务机构。由此打造北京市老年休闲空间的新布局：中心城区的老年休闲服务重点保障圈、城乡接合区的老年休闲服务供给拓展圈和远郊区县的老年休闲服务市场特色圈。

2. 发挥郊区地域优势，积极推动“市内异地养老”

随着城市化进程的不断深入，异地养老将是未来城市老年人口养老的趋势之一。所谓异地养老，主要是指老年人离开现有居住地，到异地居住生活的一种养老方式。异地养老实际就是一种养老地点的迁移，这种迁移可以是从农村到城市，也可以是从郊区到城市，或者从

一个城市到另一个城市。北京郊区休闲空间较大，可以引导居住在北京中心城区的老年人到郊区养老居住。这种迁移养老方式可以称为“市内异地养老”。在北京推行“市内异地养老”，可以充分利用城市郊区空间开阔、生态环境优美的优势，合理规划老年人的医疗服务、社区服务、休闲服务等相关产业，加速城乡一体化建设步伐。通过实施“市内异地养老”，可以有效整合区域间的养老资源。通过在北京郊区建设设施配套、管理有序、环境良好、收费适中的现代化养老机构，可以利用城市中心区和城市郊区的生活成本差异，实现有限的养老资源在不同地域间的优化配置和融合重组，节约养老成本，缓解中心城区养老资源不足的压力。通过人口分流，把一部分中心城区老年人口引导到郊区居住，可以疏解中心城区的资源供应压力，同时可以在老年人口聚集区吸纳大量第三产业从业人员，这样就可以实现城市资源的均衡供求。

对于老年人个体而言，“市内异地养老”也符合老年人的生理健康需求。通过这种方式，可以使老年人摆脱中心城区的空气污染、噪声污染等，享受郊区的好山好水好空气，投入更开阔的休闲活动空间。这对老年人的身心健康都是非常有利的。北京市老龄工作委员会办公室的调查结果显示，约有 1/5 的北京城市老年居民表示能够接受异地养老的方式，约有 1/6 的老年居民表示对异地养老的态度尚不明确，这部分老年人在很大程度上会根据政府的政策条件来选择其养老地。如果政府可以出台异地养老的利好配套政策，有 1/3 的老年居民表示自己愿意尝试异地养老。由此可见，北京市的“市内异地养老”模式存在较大的发展空间。

因此，着眼于北京市人口老龄化加速发展的基本趋势以及城市土地资源越来越稀缺和昂贵的事实，提前做好郊区养老设施的规划，在北京市郊区打造养老产业集聚区，推动“市内异地养老”势在必行。

3. 改进城市规划体系和现有规范，住区规划与社会规划相结合

为了适应人口老龄化的需求，近几年我国相关部门曾在《城市居住区规划设计规范》等规范的重订过程中专门做了局部调整，但是对北京市这样的国际型大都市而言，其在应对急速、大规模、高龄化的老龄人口压力方面仍显不足。因此，有必要继续反思现有规划制度的体系和内容，并在地方层面上完善适应老龄化社会的居住规划理论和方法，争取使北京城市规划的理论和实践在应对老龄化挑战方面走在全国的最前沿。为此，考虑到现有《城市居住区规划设计规范》为全国性规范，在应对老龄化社会挑战方面仍显不足，可以在不违反该规范原则的前提下，根据北京市的实际情况出台地方性规划设计补充规范。同时，可以考虑将居住区规划与社会规划相结合，将居住区规划向社区规划延伸，把“社区”建设作为居住区规划的深层次研究课题，将居住区视为整个社会发展与运动的一部分。“居住区”成为“住宅社区”，设施的配置和服务趋于社会化，从而使居住区的功能结构趋于完善。从社会学、老年学、美学、医学和心理学等新角度来研究和设计老年人的居住区环境，满足老年人在生理、心理和社会方面的种种特殊需要，建设“社会型”住宅，为老年人的日常活动和社会交往创造便利条件。

4. 加强公园休闲文化空间的组织与管理，注重社区休闲与公园休闲的功能互补

我们在访谈中发现，老年人对公园休闲设施和环卫设施的满意度普遍较高，但是对公园空间内老年活动的组织与管理满意度较低，参与群体休闲的意愿不高，主要原因在于各大公园都缺乏对老年休闲活动的组织引导，老年人参与的休闲活动都源于自发动机或民间组织，活动场地与活动时间都受到一定制约。因此，公园经营管理者应加强对老年休闲活动的组织管理，在组织管理中重点满足老年人的社会交往需求，重视老年人的精神健康和情感满足，真正体现“以人为本”

的和谐社会建设理念。

同时也应注意到，公园绿地空间虽然是老年人休闲的理想场所，但毕竟北京市区现有的公园数量和公共绿地面积有限，而且由前文分析可知，这些公园绿地的空间布局与老年人口的分布存在失衡问题，远远不能满足城市激增的老年人口的休闲需要。而社区绿地空间符合老年人离家近、出行便利的休闲偏好，应该是未来老年人休闲的主要活动场所。然而目前北京市很多社区绿化率较低，健身设施得不到及时维护而被弃用的现象严重，社区的健身休闲功能缺失，从而导致在社区居住的老年人不得不到公园进行健身活动。在公园人流量激增、休闲设施供给有限的情况下，老年人休闲活动的质量自然下降，休闲满意度大大降低。因此，在城市规划过程中，应加强社区层面对老年人的人文关怀，加快社区全民健身工程的建设步伐，按照社区人口合理增加社区的休闲设施与健身设施，使社区的休闲功能与公园的休闲功能有效结合，以满足未来不断增长的城市老年休闲需求。

B.6
促进文化产业发展的地方立法评价与设计*

——以浙江省为例

石东坡　王 剑**

摘　要：　文化产业促进立法是助推文化产业蓬勃发展的重要保障和必要途径。浙江省正在积极建设文化强省，文化产业有良好的发展态势和坚实的产业基础，产业集聚效应越发显现，在文化产业发展的立法需求上十分突出和迫切。同时，即便《文化产业促进法》这一基本法即将被审议、通过，基于省级立法事权，在积极能动的产业促进上，地方立法机关也有因地制宜的立法空间。部分省市的地方立法甚至可依法"先试先行"。由政策化向制度化、法律化的转变和提升，是文化产业促进的必由之路。由此，在认真检视和提取既有立法文本中的积极成分和规律性内容，合理评析和把握各地方立法文本在规范设计及其应用中的实效与缺憾下，《浙江省文化产业促进条例》应当既有执行性又有自主性，科学合理地设置浙江省文化产业在文化资源、

* 本报告为2018年度浙江省文化厅文化科研项目"浙江省文化产业促进立法问题研究"（ZW2018033）的研究成果。

** 石东坡，法学博士，浙江工业大学法学院教授，浙江工业大学文化与法制研究中心主任暨"文化法治创新团队"首席专家，学术期刊社社长，主要研究方向为立法学、行政法学；王剑，浙江工业大学文化与法制研究中心研究人员，湖州市烟草专卖局法规员。

人才、资金、科学技术、市场发育、园区条件、创意形象、财政税收以及产业监管、市场规制等方面的支持要素，建构比较完整的文化产业价值链条、激励与约束机制、监督与评价机制。在立法目的上应更加明确地规定核心价值观、文化繁荣、市场效益等多重目标；在法律原则上，既要体现文化法的一般要求，又要结合文化产业特色，突出产业保障的导向与促进要素的完备；在法律制度上，应更加切合现代产业融合发展特征，保障公民文化权利和企业自主权利，强化政府监管职责和保障义务，完善问责机制。

关键词： 文化产业　产业促进法　地方立法　《浙江省文化产业促进条例》　文化产业价值链

一　导言

进入21世纪以来，随着信息科技的蓬勃发展、各种思想文化的交融交锋，文化越来越成为衡量一国综合国力强弱的重要标志，文化对政治、经济与社会的影响也愈加深刻。而文化产业作为基于文化创造力而发展起来的新兴经济，也将有力地推动国民经济的持续发展，承担起维护国家文化安全的艰巨任务。西方学者通过大量的实证研究证明：文化产业是城市功能再造、经济复兴的新途径，其对经济社会的发展和城市、国家竞争力的提升具有重要的引领和带动作用。[①] 近

① 李海娟：《国际金融危机与中国文化产业的发展机遇》，《毛泽东邓小平理论研究》2009年第8期，第18页。

年来，我国文化产业的发展呈现持续上扬的态势，文化产业增加值不断上升①，其中2003年至2004年，文化产业的增加值占GDP的比重出现了一个陡增的过程，其背后深层次的原因主要在于政策法律环境的优化。2003，党的十六届三中全会第一次明确提出要“健全文化市场体系，建立富有活力的文化产品生产经营体制……形成一批大型文化企业集团”。并且在这两年间，我国又出台或实施了40余部涉文化产业发展的行政法规和规范性文件。可见，文化产业的发展离不开法律的引导和保障。“十三五”规划时期，文化部发布《文化部“十三五”时期文化产业发展规划》，明确提出要在“十三五”期末实现“文化产业成为国民经济支柱性产业”的战略目标。同时，我国目前正处于全球文化产业发展中产业最为活跃、业态最为丰富、政府最为重视的时期。② 因此，为了实现这一更高目标并把握发展契机，我国在法律上对文化产业的促进予以反思、审视、调整和完善，则显得尤为迫切和必要。

二 我国文化产业促进立法的法制现状和模式选择

（一）我国文化产业法制现状的分析与评价

中国人大网和文化部网站数据显示，截至2018年1月，我国涉

---

① 国家统计局公布的数据显示，近16年来（2001年至2016年），我国文化产业实现增加值占GDP的比重分别为：2001年0.37%、2002年0.41%、2003年0.42%、2004年2.15%、2005年2.3%、2006年2.45%、2007年2.6%、2008年2.43%、2009年2.5%、2010年2.78%、2011年3.28%、2012年3.48%、2013年3.63%、2014年3.76%、2015年3.97%、2016年4.14%。若该比重超过5%，文化产业则可成为我国国民经济的支柱性产业。

② 该观点是国家行政学院社会和文化教研部主任祁述裕教授在2018年1月19日“2017中国文化产业系列指数发布会”上对现阶段我国文化产业的发展环境所做的归纳与总结。

及文化产业领域的法律、法规、规章和规范性文件数量总计达400多部，其中法律18部，法规27部，规章45部，规范性文件310多部。[①] 通过对现有法规和规范性文件进行分析，并结合已有研究，为更好地通过立法的形式来促进文化产业的发展，需要对目前我国文化产业法制现状中所呈现的三方面问题予以完善。

第一，文化产业的法律位阶不高，法律效力较低，应形成“以法律为主导、以政策为补充”的立法结构。在当前涉及文化产业的法律体制中，部门规章和政策性文件起主导作用，所占比重接近90%，这些部门规章和政策性文件的法律位阶普遍较低。而由全国人大常务委员会制定并经全国人大审议通过的法律以及国务院制定的行政法规的数量则较少，且这些法律位阶较高的法律法规只占文化产业立法总量的8%左右。固然政府主导、政策推动在一定程度上可以对文化产业发展中所遇到的问题的解决起到实际作用，但是随着文化产业的高速发展，利用这种非法律的传统推动方式来解决问题的效率将会越来越低。近年来，我国文化产业发展的法制现状便是如此[②]，例如国产动漫发展缓慢，电视节目雷同案例层出不穷，网络直播低俗媚俗、价值导向存在偏差，文化创意类特色小镇的产业体系概念化、庸俗化、同质化等。出现这类现象的主要原因如下：其一，政策相较于法律而言具有不稳定性，易受到政治、经济等因素的影响，从而使其面临较高的政策性风险和市场风险，如会导致产业经营者因害怕政策频繁变动而慎于投资；其二，政策相较于法律而言，实际执行的效力有限，因为政策本身不具有强制性，从而会因政策执行者的政策水平、对政策的理解力以及对政策的执行力的不同而呈现不同的法律效

① 中国人大网，http：//law. npc. gov. cn：8081/FLFG/，最后访问时间：2018年1月30日；文化部网站，http：//zwgk. mcprc. gov. cn/？classInfoId =21，最后访问时间：2018年1月30日。

② 贾旭东：《文化产业促进法立法的必要性和可行性》，《福建论坛》（人文社会科学版）2015年第12期，第125页。

果；其三，政策相较于法律而言，制定主体更为多元，结合文化产业自身的特点——所涉及的领域多而复杂，近年来不断涌现出“文化+”的新型产业模式，如“文化+体育”、“文化+旅游”、“文化+科技”和“文化+金融”等，这将导致不同的主管部门所出台的政策难以相互协调，重复、彼此冲突等。因此，为了避免政策主导文化产业发展而带来种种弊端，我国目前应加快推进在文化产业领域内的立法工作，并将实施效果较好的政策落地化、法律化，最终形成“以法律为主导、以政策为补充”的立法结构。这样既能使政策措施强制施行，提升解决文化产业发展中所遇到的问题的效率并营造公平竞争的法制环境，又能有效防止部门间各自为政，进而能形成合力，更具体、更全面、更有效地化解文化产业壮大过程中出现的深层次矛盾。

第二，当前文化产业领域立法“重管理、轻促进”，这使文化创造力受限，因此应明确“政府低度管理、高度辅助”的促进型立法目的。结合文化部网站公布的数据，据不完全统计，在48部法律、法规和规章中①，仅在文本的名称中冠以“管理”两字的法律文件就高达33部，所占比重接近70%。基于此，单从名称中，我们就可以得出：长期以来，我国文化产业的管理体制仍然具有计划体制的迹象，旧有的意识形态依旧给我们的思维留下了厚重的痕迹和观念的束缚，“管理权力高度集中，管理方式多为行政命令”是其主要表现形式。若再深究其文本内容，我们还可以进一步得出：这些法律条文，在内容上主要是侧重于强化文化市场管理和规范市场经营性行为；在执行方式上则主要是通过“管理、限制、处罚”等方式进行。同时，

① 文化部网站，http://zwgk.mcprc.gov.cn/?classInfoId=21，最后访问时间：2018年1月30日。该网站公布的涉及文化产业的法律、法规和规章共56部，但有8部并不涉及对文化产业的管理和促进，而是关于废止和修改部分部门规章的相关决定以及对全国先进文化工作集体、个人以及文化企业的表彰，因此予以剔除，剩余48部。

综观所有条文，引导和促进文化产业发展的条文较为缺乏，如作为促进主体的政府部门的职责规定、文化市场主体的权利保障以及文化生产与消费之间基本经济关系的明确等均很少提及。这在一定程度上导致了行政思维与行政方式大行其道，挫伤了文化市场主体的积极性，使文化市场主体在文化领域方面面临着进入上的障碍甚至禁区，并最终限制了文化创造力。[①] 因此，我国当前的立法目的应从根本上加以转变。“政府低度管理、高度辅助”的促进型立法目的应引导并贯穿于现行的文化产业立法之中，主要原因有三点。其一，文化产业自身发展的特点。文化产业是一个外部性极强的新兴产业，并且在文化产业发展的过程中，市场起着决定性作用，因此为了发挥正确导向下文化产业所具有的正外部性作用，我们应该建立有效的激励机制，这其中既包括要建立有利于文化产业发展的市场激励机制，也包括要建立有效的政府激励机制。[②] 其二，文化产业自身发展的客观需要。为了实现“文化产业成为我国国民经济的支柱性产业”这一高度战略目标，并鉴于政府与文化产业利益相关者在这一目标下实质上是一种“共同生产”的产业发展模态[③]，我国应该激励和调动全部相关主体促进文化产业发展的积极性，并充分发挥促进作用，从而使之形成合力。其三，国外优秀经验值得借鉴。在亚洲地区，早在1999年，韩国就颁布了世界上最早的《文化内容产业促进法》，而日本也在2001年时出台了《文化艺术振兴基本法》并匹配了具体的实施方针；在欧美地区，美国、法国也较早制定并颁布了关于促进文化产业发展的

---

① 蔡武进：《我国文化产业法体系建设的进路》，《福建论坛》（人文社会科学版）2014年第10期，第57页。

② 许明月主编《巴渝法学论丛（2012卷）》，法律出版社，2012，第2页。

③ 值得注意的是，这种文化产业领域的“共同生产”之内在协同关系，和政府面向社会提供公共服务是一样的，都是政府与公民一起完成的，但其区别于公共服务的是，在公共服务的提供上，政府是居于主导地位的，而在文化产业的发展之上，政府则处于辅助地位。参见〔美〕约翰·克莱顿·托马斯《公共决策中的公民参与》，孙柏英等译，中国人民大学出版社，2012，第100页。

相关法律。并且在这些国家中，文化产业均已成为国民经济的支柱性产业。因此，综上所述，明确“政府低度管理、高度辅助”的促进型立法目的，是当前我国文化产业发展的必然选择。

第三，文化产业立法滞后、内容局限、质量不高，从而使文化产业领域产生“无法可依”“立法冲突”等混乱局面，因此我国应尽快制定统一的上位法并完善相关领域的核心制度。首先，文化产业当前立法适时性不足，立法涵盖面不够广泛。通过对现行的法律法规进行分析发现，目前我国的法律在对文化产业的规定上只局限于对知识产权的保护、对文物的保护、对非物质文化遗产的保护以及对电影产业的促进这四个方面，如《商标法》、《文物保护法》、《非物质文化遗产保护法》和《电影产业促进法》等。而针对其他的文化产业领域的管理则主要依靠行政法规和规章予以调整，如《网络游戏管理暂行办法》《营业性演出管理条例实施细则》等。同时，在“税收优惠、资金支持、人才培养和对外交流”等核心制度和涌现的新兴产业（如网络电影、网络直播、移动游戏等新兴数字产业）上，却仅依靠政策来予以支持、引导和促进。这导致文化产业领域出现“无法可依”“执行力弱”“可操作性不强”等问题。其次，由于缺乏统一的上位法，立法机关的立法权限不明，相继出现了法规规章之间重复、冲突的现象，文化市场主体因而无所适从。例如文化部出台了《互联网文化管理暂行规定》，国家新闻出版广电总局、工业和信息化部又公布了《网络出版服务管理规定》，而国家新闻出版广电总局还颁布了《互联网等信息网络传播视听节目管理办法》。对此，结合以上问题，我国应加快制定上位法，完善“顶层设计”，并有效推动各立法机关和行政机关之间协同立法，从而提升立法的质量和效率。同时我国在立法的过程中，还须将散落于各个政策之中实施效果较好的措施和针对新兴产业领域所采取的有力政策性措施予以制度化、法律化、法治化，正所谓“民主的法治化是对民主的制度化的进一步深化、完善化、体系化和规范化，旨在达到良法善治”[①]，从而有效地填补文化产业立法上的空白，满足该领域依法行政的客观需要。

综上所述，为了更好地推动文化产业的发展，我国文化产业立法应遵循如下立法理念，即通过“政府低度管理、高度辅助”的促进型立法目的来引领立法价值走向，采取“以法律驱动为主，以政策驱动为辅”并制定统一上位法的方式来提高法律效力和减少规范冲突，同时适时完善相关核心制度，使其具体化。

（二）我国文化产业促进立法的模式选择

文化产业促进型法规的“立法模式”，是指立法机关在从事促进文化产业发展的立法活动时所采取的某种立法形式。这种“立法模式”不仅是一国将文化产业的立法理论上升为法律规范并作用于法治实践的重要枢纽，而且还在一定程度上决定着当前文化产业促进立法的价值走向、立法内容的把握和立法技术的选择。因此，在当前我国文化产业促进立法领域几近空白的前提下，诸多学者对采用何种“立法模式”有不同的观点，可将其概括为以下三类：其一是采取“直接出台基本法——《文化产业促进法》”的立法模式[②]；其二是采取“基本法和具体法相结合”的立法模式[③]；其三是采取“地方立法先行，后续再推进基本法出台”的立法模式[④]。

通过分析以上观点得出：出台统一的上位法——《文化产业促

① 王文兵：《论人民民主的制度化、法律化、法治化》，《北京联合大学学报》（人文社会科学版）2016 年第 2 期，第 86 页。

② 蔡武进：《我国文化产业法体系建设的进路》，《福建论坛》（人文社会科学版）2014 年第 10 期。

③ 杨炼：《文化产业立法的国际借鉴及启示》，《重庆社会科学》2012 年第 5 期。

④ 唐明良：《论文化立法的基本原则与基本规律》，《观察与思考》2012 年第 6 期。

进法》已在学界达成普遍共识。因为这一基本法的出台能够使其在促进文化产业发展的立法领域占据主导地位，从而便于统筹规划文化产业发展目标、路径和方法，形成公平、有序的竞争环境，避免政府部门间的利益分割。但对于“是否需要制定相对应的具体法”以及“是否应渐进式立法，即地方立法先行，后续再推进基本法出台”，目前仍存在较大的争议。对此，笔者认为以上观点并不冲突，而是分散在各个阶段的立法模式不同而已。因此，我国文化产业促进立法的模式选择则应是在现阶段先采取“地方立法先试先行，后续再推进基本法出台”的立法模式，之后再在《文化产业促进法》的基础上进行重点领域具体立法，最终形成“基本法与具体法相结合”的文化产业法律体系。其中，在现阶段选择“地方立法先试先行，后续再推进基本法出台”立法模式的主要原因有以下三点。其一是我国的国情。通过对我国《文化产业促进法》立法大事记的观察，该法的立法历程具有“时快时慢”“时有时无”的特点，其中发展最快的时间点是在2015年，《文化产业促进法》被“换挡提速”至立法工作计划的第一档，即提请审议阶段。但较为遗憾的是，之后其进程逐渐放缓，甚至在全国人大2017年立法工作计划中彻底消失。诸多学者认为其主要是由我国国情所致①，即我国各地区经济社会文化的发展水平极不均衡，文化资源的开发与利用能力差距较大，并且我国疆域辽阔，民族传统文化多元，很多时候文化产业相比其他产业更受地缘因素的影响，无法复制转移，只能在当地发展。其二是地方立法的意义显著。例如，同属于文化领域的《公共文化服务保障法》这一国家层面立法文本

① 于语和、苏小婷《文化产业立法视角下多元的法律保护》，《邵阳学院学报》（社会科学版）2017年第5期，第2页；李寅瑞、黄信瑜《我国文化创意产业立法保障：问题与对策》，《湖北经济学院学报》（人文社会科学版）2017年第3期，第56页；张莉娜《文化产业地方立法路径探析——从地方立法特色谈起》，《山西大同大学学报》（社会科学版）2017年第6期，第17页。

的出台，也是采取“地方立法先试先行，国家立法后续跟进”的立法模式。这种立法模式不仅为地方文化的高速发展提供了立法保障，而且还为国家统一立法提供了广泛基础、经验积累和示范效应。其三是部分省市的地方立法实践已取得积极成效。截至 2018 年 4 月，我国有四个省市出台了关于促进文化产业发展的地方法规或者草案，分别是深圳市、太原市、西安市以及辽宁省。这极大地促进了地方文化产业的发展。与此同时，部分省市如浙江省也已在文化产业促进立法领域积极布局，例如在《浙江省文化发展“十三五”规划》中明确指出要推动制定《浙江省文化产业促进条例》，杭州市委、市政府还专门制定了《关于加快发展杭州文化产业的若干意见》等。

综上所述，通过对国家层面文化产业法制现状的分析，以及对文化产业促进领域模式选择的探究，笔者认为，在现阶段我国《文化产业促进法》这一基本法尚未出台之前先采取“地方立法先试先行”是必要的、迫切的。但与此同时，值得注意的是，地方立法也必须以国家层面文化产业促进立法的最新研究成果和立法理念为借鉴和导向，从而使其能够在未来更好地与我国《文化产业促进法》的内容相衔接。

三　浙江省文化产业促进立法的可行性与必要性分析

地方立法是我国社会主义法律体系的重要组成部分，地方立法的质量决定着中国法治社会的发展。因此，置身于《文化产业促进条例》这一地方立法之中，为提升其质量，满足实践需求，并基于“法权关系”的本质——法权关系是一种反映经济关系的意志关系[①]，

① 《马克思恩格斯全集》（第 23 卷），人民出版社，1974，第 112 页。

即市场经济决定立法的市场导向，笔者认为，在制定法律之前则必须厘清地方立法的“可行性”和“必要性”问题。首先，针对可行性而言，有学者认为，在“文化产业发展相对发达的省市”率先进行地方立法是一个现实可行的选择。该学者用“文化产业发展是否相对发达”作为衡量可否进行地方立法的标准。① 对此，笔者较为赞同，所谓经济基础决定上层建筑，但是笔者认为，这只能作为其中的一个衡量标准，在此基础之上还应该考虑第二个标准，即该省市“涉及文化产业的制度基础是否牢固，法制环境是否良好”。因为根据立法的规律和法律本身的特点，立法应该遵循“立法条件不成熟的领域不立法”这一原则，其中就包含了对当前法制水平的考量。其次，针对必要性而言，笔者认为应从以下两个方面进行分析：其一是文化产业的蓬勃发展是否需要通过立法的形式加以保障；其二是已有的政策或者规章，是不是因为其本身存在问题而需要通过立法的方式加以纠正，抑或是否因为实施效果较好而需要通过立法的形式予以固化。

浙江省既是我国民营经济的强省，又是文化发展的大省，改革开放以来的发展成果，是在资金、税收等均没有获得中央的特别扶持，在地形、自然资源等经济发展所需的基础性条件相对不占优势的环境中完成的，是全国一个典型的“自主发展”范例。因而，“干在实处、走在前列、勇立潮头”是近年来习近平总书记对浙江精神的新要求。与此同时，浙江省历年来也是地方自主立法中最为活跃的省份之一②，其是继上海市、广东省、甘肃省后第四个出台《地方立法条

---

① 程雁雷、宋宏：《文化体制改革情境下的文化产业立法构想》，《学术界》2012 年第 2 期，第 16 ~ 28 页。

② 据全国人大法工委的统计，从 2015 年 3 月《中华人民共和国立法法》修改到 2016 年 12 月，新增具有地方立法权的 268 个设区的市州中已有 174 个制定了地方性法规。以浙江省为例，新增具有地方立法权的 9 个设区的市已全部行使过立法权。参见郭佳法《地方立法这两年：设区的市行使地方立法权全面推进》，《中国人大》2017 年第 1 期，第 35 页。

例》的省份，而且是在2015年《中华人民共和国立法法》修订后率先修改并发布。因此，在国家层面的《文化产业促进法》尚未制定之时，浙江省凭借扎实的经济基础、浓厚的人文底蕴、丰富的地方立法实践经验，率先在全国开展促进文化产业发展的地方立法不是没有可能。但结合浙江省文化产业发展的现状以及促进文化产业发展的法制水平，其是否具备有利的立法时机，是否存在迫切的立法需求，是当前值得首要关注的前提性问题。因此，笔者将基于以下两个方面进行分析：其一是从当前“浙江省文化产业发展的现状”出发来探究地方立法的可行性与必要性；其二是从现行的“浙江省法制发展水平”出发来研讨地方立法的可行性与必要性。

（一）浙江省文化产业发展中地方立法的可行性与必要性

第一，可行性分析。浙江省的文化产业发展具备主要优势，满足浙江省地方立法可行性的第一个条件，即符合其中“文化产业的发展是否相对发达”的标准。经过改革开放40多年，尤其是近10年来的发展，浙江省的文化产业已从单纯的数量型增长开始转向特色化、专业化发展。首先，从文化产业发展的总体水平来看，通过对2011年至2017年由中国人民大学与文化部文化产业司共同发布的“中国省市文化产业系列指数”① 数据进行分析，得出目前浙江省文化产业

① “中国省市文化产业系列指数”是在由中国人民大学、文化部文化产业司联合主办的第四届“文化创意产业与品牌城市”国际论坛上向社会公开发布的中国省市文化产业发展指数，该指数主要由综合指数和三个分指数构成，其中分指数分别包括生产力指数、影响力指数、驱动力指数。近几年还研究并颁布了中国文化消费指数。综合指数是中国文化产业发展“晴雨表”，为文化产业管理决策提供参考依据。生产力指数反映生产要素的投入情况，主要包括文化产业的自身资源（文化资源、文化资本、人力资源）；影响力指数是指文化产业的影响力，包括经济影响和社会影响；驱动力指数是指文化产业的外部环境，包括市场环境、公共环境和创新环境。中国文化消费指数是对消费环境、消费意愿、消费能力、消费水平以及消费满意度综合考察所得的结果。截至2018年，已形成7份指数报告（每年公布一次）。

的发展水平已遥遥领先于全国平均水平，例如从近七年文化产业发展指数之综合指数全国排名上分析，浙江省一直稳居全国前五位（见图1）。从中国文化消费指数上看，浙江省2017年文化消费指数位列全国第三。其次，具体至浙江省内发展进行进一步研究，目前浙江省文化产业的发展具备以下主要优势。其一，浙江省优势文化产业加快形成，特色文化不断丰富，新兴数字文化市场逐渐壮大。在优势文化产业方面，广播影视、新闻出版、动漫游戏、文化演艺和文化产品的制造等领域竞争力明显增强。如影视产业近年来呈现井喷式发展，影片数量在“十二五”期间占中国全国影片市场份额的60%以上，并且精品影视作品也大量涌现；在特色文化方面，浙江省共有10项世界文化遗产，包括西湖文化景观和9项世界非物质文化遗产，居全国之首；在新兴数字文化市场行业领域，浙江省也屡有突破，例如网络直播平台的数量在全国位列第三。[①] 其二，集聚效应日益凸显，开始从企业集聚转向功能集聚和业态集聚。中心城市文化产业发展的集聚辐射功能最为明显，杭州、宁波以及金华3市文化产业增加值总和占全省的2/3，其中杭州就占1/3以上。同时，项目集聚和业态集聚形态开始涌现，如文化创意类特色小镇区别于一般产业园区，其实具有明确的产业定位、丰富的文化内涵、旅游资源，是具有一定社区功能的发展空间平台。其三，要素支撑不断增强。文化产业与资本市场对接持续深入，浙江省的上市文化企业约占全国的1/3，另有80多家“新三板”挂牌企业。东方星空等一批文化企业设立文化产业投资基金，杭州等6市设立文创银行，而且杭州率先设立文创金融服务中心，进行贷款支持。其四，文化贸易额大幅提升。如2016年，浙江文化服务进出口总额居全国第3位，“文化＋互联网”服务贸易蓬勃

① 中国音数协游戏工委（GPC）网站，http：//www.cgigc.com.cn/，最后访问日期：2018年2月12日；伽马数据（GNC）网站，http：//www.gamelook.com.cn/tag/，最后访问日期：2018年2月12日。

兴起，线上交易文化产品和服务占比接近 40%。[①] 综上所述，融合发展[②]、特色发展、集聚发展、数字发展和共享发展这五大发展，将是当前以及未来很长一段时间内，我国文化产业发展方式转型的目标所在。笔者通过对现浙江省文化产业发展之主要优势的分析，可以得出浙江省目前文化产业的转型升级已显现雏形并逐渐加强。因此，立法时机已经成熟，浙江省促进文化产业发展的地方立法满足可行性条件之一。

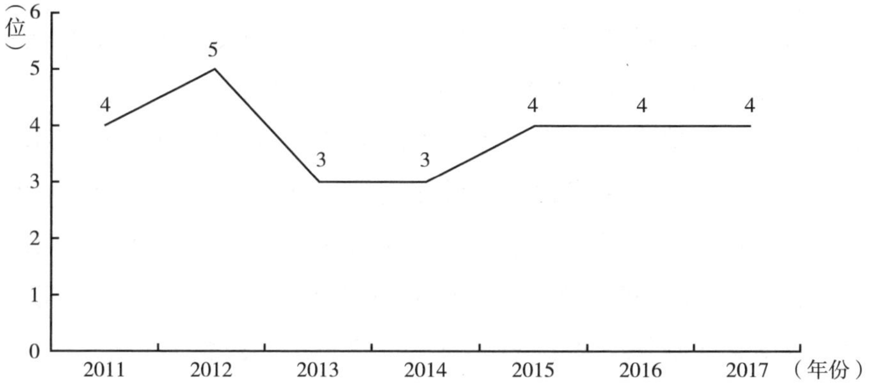

图 1　2011～2017 年浙江省文化产业发展指数之综合指数全国排名趋势

资料来源：根据“中国省市文化产业系列指数”整理。

第二，必要性分析。文化产业的转型升级需要法律为其营造有序的市场环境，与此同时，文化产业发展过程中出现的“关键性问题”也需要法律发挥作用。因此，文化产业的地方立法是促进浙江省文化产业持续、健康发展的必要途径之一，是浙江省文化产业发展的客观需要，即满足必要性的第一个条件。市场经济本质上是法治经济，为

① 吴蓓主编《浙江蓝皮书：2018 年浙江发展报告（文化卷）》，浙江人民出版社，2018，第 115 页。

② 祁述裕：《经济新常态下文化产业发展思路》，《智慧中国》2017 年第 1 期，第 44～45 页。

此，如前文所述，浙江省文化产业发展中的主要优势已为浙江省的地方立法提供了可行性的立法资源，但其主要优势的逐渐壮大也必须通过立法的形式予以根本的促进、保障。同时，文化产业发展过程中暴露的关键性问题亟须用立法的形式加以调整、解决和促进，这也是浙江省必须进行文化产业地方立法的原因之一。具体问题如下。其一，高新技术产业增长滞缓，创新不足。十多年来浙江省总体经济上并没有改变“低、小、散、弱”的局面，具有“高端不高不多，低端多而不能提升，资源环境消耗巨大”的特点。与北京市、上海市、江苏省、广东省相比，浙江省 R&D 支出占 GDP 的比重较低，高新技术产业增速放缓，传统制造业和服务业仍占70%左右。[①] 文化创意特色小镇的产业体系出现概念化、庸俗化、同质化现象。其二，基础性要素的保障受到制约。这主要体现为文化产业系列指数之生产力指数增长幅度放缓（见图2）。浙江省目前未形成健全的文化资本、文化产权和文化人才市场。文化企业融资难，文化项目投资不足，投资面狭窄，创意人才和复合型高端人才严重缺乏。[②] 其三，缺乏各类平台支撑，如公共服务平台、产业融合和企业合作平台、对外交流平台等。其四，集聚辐射区域面积较小，地区间文化产业发展不均衡。如2014 年统计的数据显示，杭州、宁波和温州文化产业增加值总量基本相当于全省文化产业增加值总量，而其他地区的文化产业增加值占比较少。[③]

因此，综上所述，笔者通过对浙江省文化产业发展中地方立法的可行性和必要性进行考量和分析，并结合浙江省文化产业发展的现状得出：目前浙江省文化产业的发展具备主要优势，属于文化产业相对

---

① 吴蓓主编《浙江蓝皮书：2018 年浙江发展报告（文化卷）》，浙江人民出版社，2018，第124 页。

② 吴蓓主编《浙江蓝皮书：2018 年浙江发展报告（文化卷）》，浙江人民出版社，2018，第116 页。

③ 范小春主编《文化创意产业新趋向——浙江省文化创意产业研究报告》，上海三联书店，2017，第49 页。

发达的省市之一，满足《文化产业促进法》之地方立法可行性的其中一个条件。同时立足于市场经济与法学理论，也可以得出当前浙江省文化产业的主要优势需要通过立法的形式加以巩固，同时更重要的是在文化产业发展过程中所暴露出来的问题，也亟须通过立法的方式加以调整、解决和促进，因而进行地方立法是文化产业自身发展的客观需要，具有必要性。

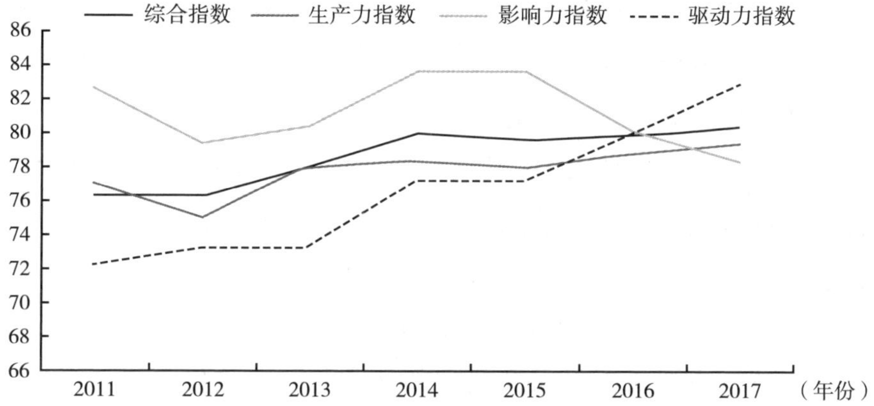

图 2　2011～2017 年浙江省文化产业系列指数

资料来源：《2018 中国文化产业系列指数发布》，中国出版传媒网，http://www.cbbr.com.cn/article/126202.html，最后访问日期：2018 年 2 月 18 日。

（二）浙江省文化产业法制环境下地方立法的可行性与必要性

第一，可行性分析。日益优化的制度环境，不断丰富的立法经验，使浙江省满足地方立法可行性的第二个条件，即符合其中“制度基础是否牢固，立法环境是否良好”的标准。首先，日益优化的制度环境主要表现在“促进”上：近年来，浙江省委、省政府高度重视文化产业的发展，通过颁布大量的规章和政策性文件来促进文化产业的繁荣发展，其中政策性文件占据主导地位。起关键性促进作用的政策性文件有《浙江省文化产业发展“十三五”规划》、《关于加快把文化产业打造成万亿级产业的意见》、《浙江省文化出口重点企业和重点项目认定管理办法》、《浙江省重点文化产业园区认定和管理办法》以及《浙江省深化文化体制改革实施方案》等。起规范性管理作用的法规、规章有《浙江省文化市场管理条例》《浙江省文化市场综合行政执法管理办法》等。基于文化产业立法应遵循促进型立法目的，笔者针对政策文件进行了分析和归纳，得出目前浙江省已为文化产业的发展形成了一系列多元化、全方位、有针对性的制度体系，主要可概括为以下三个方面：文化产业发展体系、现代文化市场体系、文化要素支撑体系。[①] 其次，不断丰富的立法经验主要体现在浙江省是地方立法中最为活跃的省份之一，截至 2018 年 1 月 30 日，浙江省的地方性法规数量达 952 部，居全国第 6 位（见图 3）。同时浙江省又通过颁布专门的《浙江省地方立法条例》，对立法的准备，法规的起草、审议与公布以及法规的评估等阶段均做了详细的规定，而且对公众参与立法也进行了积极落实，体现出浙江省地方立法浓厚的民主氛围。综上所述，大量的促进型政策文件为推动文化产业发展的地方立法奠定了良好的制度基础，并且符合当前文化产业立法之“政府低度管理，高度辅助”的促进型立法目的。与此同时，成熟的立法技术、民主的立法氛围、丰富的立法经验，也为文化产业的高质量、高效率立法提供了必要保障。因此，当前浙江省涉及文化产业发展的法制条件符合地方立法的可行性。

---

① 三方面制度体系的具体体现如下。第一，在文化产业发展体系方面，通过锁定和创新核心领域并大力促进新兴业态的开发，优化产业区域布局。第二，在现代文化市场体系方面，通过鼓励民间资本进入文化领域，引导社会资本进行投资；推进重点国有文化企业公司股份制改革和推进文化事业单位内部机制改革等。第三，在文化要素支撑体系方面，搭建一系列支撑平台，如创新创业平台、公共服务平台、产业融合和企业合作平台以及对外交流平台，同时对人才、金融、科技、知识产权和土地等要素予以积极的支撑。参见《浙江省文化产业发展“十三五”规划》。

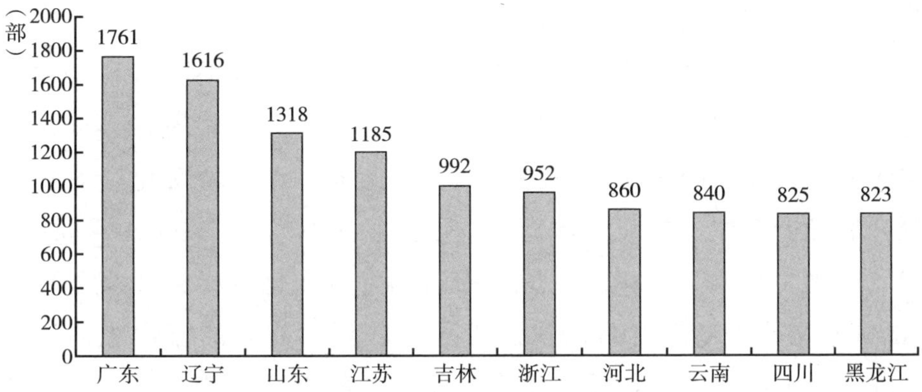

图3　全国地方性法规数量前十名的省份

第二，必要性分析。从有关文化产业的制度发展趋势而言，现阶段“政策法律化”越来越成为一国促进文化产业持续、健康发展的必然途径；从涉及文化产业的政策、规章和法规角度而言，有力的促进型制度虽然已形成，但是最为核心和关键的内容尚未被涉及或强化。因此，实现文化产业促进制度由政策化向法律化、法治化转变，并完善、落实其相关核心内容，是当前浙江省文化产业地方立法的第二大必要性所在。首先，针对政策法律化而言，如前文所述，为更好地促进我国文化产业的蓬勃发展，应改变现阶段以政策为主导的法制现状，采取“法律为主，政策为辅”的新立法结构。并且通过对世界文化产业发展较快的国家进行立法结构分析发现，无论是以美国为代表的民间主导和产业政策中心型推进模式，还是以法国为代表的政府主导和文化政策中心型模式，抑或是以韩国为代表的政府主导和产业政策中心型模式，其普遍做法均是促进政策法律化。[①] 其次，从涉及文化产业发展的政策、法规和规章的自身内容出发，对文化产业

① 于新循、杨丽：《我国〈文化产业促进法〉的立法选择与总体构想》，《四川师范大学学报》（社会科学版）2014 年第 3 期，第 50 页。

范围的界定、对文化市场主体权利的保障、对政府行政部门所必须采取促进措施的具体规定与法律责任的落实以及维护国家利益和文化安全等方面均存在法规、规章上的空白，而且这些内容必须通过立法的形式加以固化才能发挥作用；与此同时，随着文化产业多元融合的发展，如“文化 + 体育”、“文化 + 旅游”、“文化 + 互联网”和“文化 + 金融”的出现，原本由《浙江省文化市场管理条例》和《浙江省文化市场综合行政执法管理办法》所规定的管理主体过于局限，已不再适应现阶段文化产业发展的特点。由此可见，浙江省促进文化产业发展的地方立法是健全浙江省文化产业法律制度的客观需要，具有填补浙江省文化产业法律上的空白和强化文化产业法律的促进功能等作用；另外，浙江省促进文化产业发展的地方立法也是文化产业领域法治建设的客观需要，使政府文化产业发展的促进行为“有法可依”“有法必依”，文化市场主体也据此“有法保障”。

综上所述，笔者通过对浙江省文化产业法制环境下地方立法的可行性和必要性进行了考量和分析并得出：日益优化的制度环境、不断丰富的立法经验，使浙江省满足地方立法可行性之所需条件，即符合其中“制度基础是否牢固，立法环境是否良好”的标准；与此同时，从健全浙江省文化产业法律制度和完善文化产业领域法治建设的客观需要出发，浙江省对此领域开展地方立法具有十分迫切的需求。

四　四省市文化产业促进立法的比较与评价

伴随着近年来人民群众精神需求的多元化发展，文化产业对经济的贡献力度不断增强，并越来越成为一国国民经济发展的支柱性产业。为此，各地地方政府也逐渐认识到文化产业的重要性，如部分省市通过颁布专门促进文化产业发展的地方条例或者发布地方文化产业促进条例的草案对文化产业的发展予以扶持和引导。基于学界对此尚缺乏依托既有的促进文化产业发展的规范性文本所进行的实际测度，并且各地立法机关陆续颁布的颇具创新性、应用性的立法文本及其变革、充实的实践样本，也是不可忽视的立法资源和研究素材，研究这些规范性文本可知悉我国地方文化产业的促进程度发展到何种阶段，促进方式的实效、活力如何等。故，笔者以四省市的促进条例或草案①为研究对象，来实证化考察、解析文化产业的促进在地方立法实践中的发展现状，并从中总结出文化产业促进立法在未来的必然发展趋势和应予以完善的路径方向，进而为浙江省文化产业促进立法提供经验和教训。

（一）四省市文化产业促进立法的演进

步入立法“后体系时代”，为满足建立健全法治体系的发展需要，地方应通过法制化来实现对政策化的进一步深化、体系化，来达到对法律法规体系予以完善、对民众权益予以保障、对各类职权主体及其活动过程予以监督制约等目的。为此，立足于促进文化产业发展的法制领域，在国家层面立法缺乏的前提下，地方立法已积极作为，并呈现内容不断精细化、质量不断上层化的特点。基此，为了更好地为浙江省文化产业促进立法提供经验和方向指引，笔者对以上四省市的地方立法文本进行了对比，通过对相互间的个性与共性（见表1和表2）进行分析、归纳和总结，可知我国文化产业立法已经显现从

① 四省市的地方文化产业促进文本，既包括已经颁布的文化产业促进条例，又包括还未出台但是已经在征求意见的促进条例草案。具体分别是2009年1月1日施行的《深圳市文化产业促进条例》、2009年5月1日施行的《太原市促进文化产业发展条例》、2012年6月12日发布的《西安市文化产业促进条例（草案）》（征求意见稿）、2016年7月21日发布《辽宁省文化产业促进条例（草案）》（征求意见稿）。

政策化向法律化、法治化不断迈进的必然发展趋势，具体体现在以下几个方面。

第一，文化产业促进法规的立法目的呈现“二元化”发展趋势。立法目的能够为立法者提供方向指引，从而使各立法主体，如立法内容的起草者、立法条文的审议者以及立法草案的表决者等，能够基于同一立法目的，形成合力共同完成立法工作；同时立法目的还具有为代表不同利益的立法者提供解决各类分歧的依据和为形成一致意见提供准则的作用。更重要的是，立法目的也是衡量立法质量高低的标准，若立法想获得肯定性评价则必须符合立法目的，并且准确、客观地将其表达。① 因此，立足于促进文化产业发展的立法之中，进一步深化文化产业促进法的功能定位、价值理念等关乎立法目的的内容是立法者进行立法时首要探讨的问题。该法是产业侧重，是产业政策法？还是文化侧重，是文化产业化，即以产业为途径促进文化发展繁荣，实现工业产品创意化、公众生活审美化，使文化通过产业更具传播力和影响力？抑或是“将文化产业政策法律化”，还同时将其作为“文化发展法”？笔者通过对四省市立法文本的比对和分析，得出目前文化产业促进法规的立法目的除单一的“将促进型文化产业政策法律化”之外，还兼顾了对文化的保护与弘扬，例如在表2“立法目的”要素中，太原市的“满足公众文化需求，推动特色文化名城建设”以及辽宁省的“加快文化强省建设，满足社会公众精神文化需求”等立法目的。具体的细化规定则有辽宁省立法文本中第39条所规定的“鼓励技艺大师、传人收徒授业”以及西安市立法文本草案中第15条所规定的“鼓励保护和传承非物质文化遗产”等。因为从根本意义上说，对政府制定和执行产业政策的行为

① 黎建飞：《论立法目的》，《中国社会科学院研究生院学报》1992年第1期，第54页。

进行法律上的控制是法治国家的必然要求。[1] 与此同时，文化产业也是文化事业的一部分[2]，促进我国文化的大发展大繁荣，满足公众的精神生活需求，也是文化法的立法定位之一。“二元化”立法目的值得借鉴。

第二，文化产业的范围和主管部门越来越具体、明确，关于各相关职权主体以及各区域间的冲突协调机制越来越完善。随着科技的不断发展、产业分工的不断细化，产业融合成为经济发展中的广泛现象。具体至文化产业的融合而言，其融合的深度和广度亦不断提升，如“文化 + 体育”“文化 + 金融”“文化 + 科技”等。这也对文化产业的范围界定、对主管部门职责的规定以及对职权主体间协调机制的建立健全提出了更高的要求。因此，在文化产业促进立法的过程中，对上述三类问题予以厘清是关键所在。其一，文化产业的范围越来越具体，有利于提高该法的可操作性和明确性。结合深圳市和太原市的立法文本，可以得出文化产业的内涵和外延越来越具体、明确。例如，在“文化产业范围”要素中，深圳市在文化产业的外延方面仅规定是“与文化产品和服务相关的活动”，而太原市关于文化产业的外延则进一步规定是“文化用品、设备以及相关文化产品的生产和销售等行业”。与此同时，太原市对文化产业范围的界定不再仅规定为“文化、娱乐产品和服务活动”，而是采取“概括式 + 列举式”的双重规定方式，具体罗列出如影视、出版、发行、印刷复制、广告、演艺、娱乐、文化会展、数字内容和动漫等 10 类文化产业项目。其二，针对主管部门的规定而言，通过对立法文本分析（参见表 1 和表 2 的“文化产业主管部门”要素总结），发现其已从单一的“省市政府领导”扩展到“三主体协同驱动——省市政府领导、文化行政部门指导和监督、其他有关

① 王先林：《产业政策法初论》，《中国法学》2003 年第 3 期，第 113 页。
② 陈红玉：《中国文化产业创新政策研究》，北京理工大学出版社，2012，第 49 页。

部门负责相关工作”。其中，在辽宁省的立法文本草案中，还进一步列举了具体的有关部门，如工业和信息化、财政、国土资源等九大行政管理部门。该省采用这种明确职权主体的方式，能有效地减少部门间相互推诿或者争权夺利现象的出现。其三，各相关职权主体以及各区域间的冲突协调机制越来越完善，方式方法越来越创新，这将有效地减少文化产业发展过程中的阻力并保障文化产业市场主体的利益。例如，从单一笼统的“协调制度（太原市）”具体到“联席会议制度（西安市）”再明确到“设立常设机构——发展改革行政部门（辽宁省）”。辽宁省设立发展改革行政部门作为协调机关是为了与该草案中所规定的九大行政管理部门进行衔接，当九大行政管理部门间出现职责或者职权交叉的时候，则可以有明确的上级部门来进行统筹协调。与此同时，上级部门在统筹协调的过程中也必须将各部门明确的职责或职权范围作为参考依据。这样一来，两者间便形成了相互监督的有利局面，能够更好地减少在促进文化产业发展过程中所出现的行政性阻力。因此，综上所述，随着文化产业融合趋势的加强，对文化产业范围的不断明确，对主管部门要求的不断提高，对冲突协调机制的不断健全，是未来文化产业促进立法的重点所在，值得我们高度关注并学习借鉴。

第三，文化产业的全方位整合推动机制正初步形成，并呈现“系统性、积极性和基础性”的特点。法的构成要素是法律概念、法律原则和法律规则，其中法律原则和法律规则占主导地位，并为人们提供行为理由。四省市促进文化产业发展的地方立法，在政府产业指导、资金取得、人才培育、知识产权保护、对外交流以及公共服务设施建设等方面，均是通过设定法律原则与法律规则的方式来予以全方位整合、推动的，并且现已初步形成了体制机制。基此，笔者通过对全方位整合推动机制进行进一步分析，得出该机制具有“系统性、积极性和基础性”的特点。

其一，实体法律规范与程序法律规范的有效结合，使之呈现“系统性”的特点。实体法律规范与程序法律规范作为统一法律体系的共同组成部分，两者既相互独立又相辅相成，因此将两者有机结合，具有“系统性”的特点。结合促进文化产业发展的地方立法，深圳市的立法文本中第21条第2款规定“文化产业发展专项资金管理办法由市政府另行制定”，这就体现出文化产业实体立法与程序立法的有机结合，提高了法的明确性和可操作性，具有立法“系统性”的特点。

其二，政府采取高度辅助的行政措施，尤其是运用了诸多“新型行政行为”，如行政指导、行政给付和行政奖励等，这体现出政府“积极性”的特点。首先，在行政指导方面，行政指导分为两类，一类是规则性指导，即对违反公益的行为予以警示和训导；一类是助成性指导，即以帮助和促进相对人自身利益或事业发展等的公共政策目标为指向和目的，为相对人提供建议、信息帮助和技术支持等行政指导。通过分析，目前四省市的行政指导类型大体为助成性指导，例如在表1“核心制度”要素中第①项“产业指导制度”所总结的，四省市条文均规定“应当制定发展规划并将其纳入国民经济与社会发展规划中”。“国民经济与社会发展规划”是对未来五年经济与社会总体发展目标的规划，这类规划会对该地区各重点领域的宏观形势、指导思想、主要预期目标和手段等内容予以明确叙述。因此，政府将“文化产业发展规划”纳入其中，会使未来五年内该地区文化产业发展的基础更加扎实、目标更加明确、措施更加具体。其次，在行政给付方面，行政资助是一种常态化的产业支持措施和行政给付方式，四省市均已设立文化产业发展专项资金（参见表1“核心制度”要素中第②项“资金支持制度”的总结），并且辽宁省除此之外还在其文本草案第15条第1款中对行政资助方式予以明确规定，其中具体方式为“贴息、补助和奖励”等。政府设立文化产业发展专项资金的目的在于以此为引导促进社会参与、助推市场运作，从而使该项资金发挥良好的社会效益和经济效益，真正起到“四两拨千斤”的作用。同时，在此基础之上，辽宁省还进一步规定了具体资助类型。这是辽宁省政府对自我职责的明确，体现出其积极促进文化产业发展的决心。最后，在行政奖励方面，政府建立了科学、合理的评价与激励机制，如深圳市在立法文本第 15 条中就规定“市、区政府应当建立科学、合理的评价与激励机制。对获得年度最佳创意成果转化、年度最大出口量文化企业以及为本市文化产业发展作出突出贡献的个人给予适当的奖励”。如前文所述，文化产业是一个外部性极强的新兴产业，需要行政主管部门采取一系列的有力措施来刺激其发展，而“适当的奖励”正是有力的刺激举措。因此，立法者将其纳入立法文本的规定之中，有利于督促政府部门积极履行相关职能，助推文化产业的发展。

其三，地方立法积极创设产业指导制度、资金支持制度、人才队伍培养制度、文化产业市场管理制度、知识产权保护制度、促进对外贸易制度以及服务保障制度等，筑巢引凤，具有“基础性”的特点。实践证明，在政府与市场协调互补的调整与配置功能上，政府的着眼点应该在基础的产业发展生态与市场环境的营造上。[①] 而在任何产业的发展过程当中，政府指导、资金、人才队伍、市场、公共服务保障以及对外交流机制均是最为必要的，更是最为基础的要素。这对文化产业的发展而言也不例外。当然，除此之外，对文化产业而言知识产权的保护也较为重要。通过对四省市立法文本的比较分析可知，上述对文化产业起步、发展的基础性支撑、保障要素正在逐步落实、聚合。在侧重的要素短板补齐上，四省市各具特色（参见表

① 郭万超：《如何看待文化产业发展中的政府作用》，《中国文化报》2013 年 4 月 27 日。

2“核心制度”要素总结）。例如，在产业指导制度方面，太原市专门设立了专家咨询委员会，而辽宁省则重点关注中小企业的法律服务，这些规定将使文化产业的发展更好地把握法律与政策导向。在资金支持制度方面，辽宁省通过法律明确规定“允许知识产权出资”，该项规定是对文化产业领域出资方式的突破，有利于打破文化产业的融资瓶颈，实现知识产权与金融的深度合作。在促进对外贸易制度方面，深圳市积极拓宽对外渠道，打造对外交易平台，如把举办文博会的相关安排写入立法文本之中，这将有效地督促政府部门定期举办对外交流活动，促进文化产业走向世界。在知识产权保护制度方面，辽宁省助推完善快速维权和维权援助机制。以王老吉与加多宝红罐凉茶包装装潢纠纷案为例，该案件于2012年7月6日立案，历经5年多才获得最高人民法院的终审判决。通过这个判决我们可以得出，在文化产业领域建立知识产权案件快速审理与判决的机制是非常必要的，这将极大地维护当事人的合法权益。与此同时，还应配套建立维权援助机制，以便在侵权事件显现矛头之时就及时采取措施，防止当事人陷入漫长的维权诉讼之中。综上可见，四省市的立法文本均对各项核心制度予以明确规定，形成了在促进文化产业发展上的公私协力、物质支持与精神支持并重、培重开新等经验，以达到厚植文化产业发展之法制基础环境，赋予文化产业相应生活化依托和美学化来源之目的。

（二）四省市文化产业促进立法的不足

近年来，随着依法治国理念的不断推进，四省市将文化产业的政策落地化、法律化，并在此基础上对文化产业的促进措施予以不断完善，这是积极的、显著的进步。但与此同时，通过对当前文化产业的发展态势，促进方式的实效、活力以及前景进行分析，在检讨四省市促进文化产业发展的立法文本之下，笔者认为，该立法文本还是过于粗疏、滞后[1]，主要体现在以下几个方面。

第一，全方位整合推动机制缺乏可操作性和全面性。

首先，在缺乏可操作性方面，法的可操作性如何，是检验法治程度是否成熟的重要参考标准之一，其不仅影响着政府具体职责义务的设置，而且也决定着公民权利能否得到有效的落实。目前立法的可操作性不强，尤其是在地方立法方面。这普遍表现在以下三个方面：一是法律规定中宏观性、原则性的条文太多，而细化、量化的内容过少；二是倡导性、宣示性的条文太多，其主要标志是过多使用“鼓励”“支持”等词语对政策进行倡导；三是很多地方性法规模仿、重复上位法或者其他省市的立法，从而缺乏地方特色。[2] 基此，笔者将四省市文化产业促进立法文本与上述三类标准进行对照，得出四省市立法缺乏可操作性。其一，条文过于宏观，没有细化到容易操作的程度或者缺乏条文外另行规定的详细配套措施。如在表1“核心制度”要素中第②项“资金支持制度”方面，四省市均只规定要“设立文化产业发展专项基金并加强审核和监督措施”，但是具体如何审核、如何监督，在四省市中，只有深圳市对此出台了相应的资金管理办法（见表2）。又如在“推动文化产业集群建设以及文化体制改革”方面，也仅是在条文中简单罗列，没有具体细化。其二，倡导性、宣示性的条文占据大部分内容，且缺乏如何鼓励或支持的具体措施和方式手段。根据统计结果，深圳市立法文本共26条（不含附则），“鼓励”“支持”性条文占42.3%；太原市立法文本共46条（不含附则），“鼓励”“支持”性条文占43.4%；

① 学者对深圳市、太原市促进文化产业发展的立法文本就实效、活力以及前景进行了总结性的评析，指出当前两市立法文本的抽象、滞后等问题。可参见周刚志、周应杰《“文化产业促进法”基本问题探析》，《江苏行政学院学报》2017年第1期，第132页；杨积堂《文化产业发展的立法现状与法制构建》，《北京联合大学学报》（人文社会科学版）2012年第2期，第93页。

② 周静文：《浅析地方立法的“可操作性”特征》，《法制与社会》2014年第17期，第149页。

西安市立法文本草案共36条（不含附则），“鼓励”“支持”性条文占39%；辽宁省立法文本草案共50条（不含附则），“鼓励”“支持”性条文占58%。其三，在四省市的立法文本中，多处条文存在雷同现象，缺乏地方特色。如在“法律原则”方面，四省市的法律原则几乎完全一样；又如在各项核心制度方面，也存在相互照搬照抄的现象。以西安市立法文本草案为例，西安古称“长安”，是我国四大古都之首，具有丰富的历史文化资源和厚重的人文底蕴，因此其文化产业促进条例的设计应以历史文化为辐射点来推动文化产业的发展，但是综观其立法文本草案，其仅在第15条中提及了对非物质文化遗产的保护，具体如何保护非物质文化遗产却未展开。除此之外的其余文本内容则大体与其他三省市的内容相近。可见，在未来文化产业促进立法的过程中，立法文本缺乏地方立法特色的问题值得重视。

其次，在缺乏全面性方面，全方位整合推动机制仅初步形成，在原则指引、制度建设方面，还需随着新问题的不断涌现而不断完善，从而使其能够更好地迎合时代的需求。其一，在原则指引方面，对国家文化安全的维护和价值观的倡导在法律原则中应有所体现。立足于目前四省市的立法文本，仅太原市在第4条的法律原则中提及了对国家文化安全的保护，但遗憾的是，这也仅是简单的宣示，其在分则部分中并没有对此做出具体规定。另外，在核心价值观的引领方面，四省市的立法文本均没有提及。近年来，在全球化浪潮的冲击下，某些西方大国借助文化全球化的东风，对弱小民族和国家进行文化渗透。因此，通过文化立法的形式来维护社会主义文化主权是当前国际形势下的必然之选。并且，值得注意的是，核心价值观的引领也是新形势下保证文化健康、持续发展的关键之举。如近期网络直播的违法违规行为、儿童“邪典动画”等层出不穷，这将导致未成年人的价值导向出现偏差并严重影响文化的健康发展，因此有必要在文化产业促进立法的过程中对此加以调整，让此类问题无处遁形。其二，在制度建设方面，虽然在目前四省市的立法文本中，已经形成了较为全面的推动机制，如产业指导制度、资金支持制度、人才队伍培养制度等，但通过对这些制度的进一步分析，并结合当前文化产业的发展现状，笔者认为该推动机制还存在诸多不足，主要表现在以下几个方面。一是缺乏对文化产业内容的重视，忽略了“创意”在文化产业发展中的重要作用。“提高内容的创造能力和活用能力是当前内容产业发展的源头活水和关键环节”①，无论是日本还是韩国，其立法文本均对文化产业的内容以及创意再造进行了具体规定。例如，有学者指出，日本的《内容产业促进法》实质上就是促进内容创造、保护和活用的一部法律。② 因此，重视文化产业内容中的“创意强化”，是文化产业促进立法的重点所在。但当前四省市的立法文本，都仅是在法律原则中简单地提及要“鼓励自主创新”，对于如何强化自主创新能力，分则中则没有任何具体的规定。这需要在未来的地方立法中予以改良。二是其他“核心法律制度”缺位以及已有的核心制度内容不够具体。以“中小企业促进制度”为例，根据各国文化产业发展经验，中小企业在文化产业发展过程中更具创新活力，是文化产业蓬勃发展的主力军。③ 但立足于我国现状，我国中小企业在文化产业发展过程中受到了较多的歧视性限制。例如，虽然在四省市（不含深圳市）立法文本中，鼓励和支持非公有资本进入国家许可的文化产业领域，但是中小企业由于自身从业资历、技术水平以及资金实力等方面的限制，很难享受到该方面的

① 贾旭东：《“促进法”视角中的文 化产业概念——界定维度与方法思考》，《中国社会科学院院报》2008 年 5 月 8 日。

② 廖建军、蔡斌：《中日文化产业政策比较研究——基于〈文化产业振兴规划〉和〈内容产业促进法〉之比较》，《出版科学》2010 年第 3 期，第 7 页。

③ 齐强军：《论我国文化产业促进立法模式、原则与基本制度》，《学术论坛》2015 年第 4 期，第 90 页。

扶持。又例如，国家在政策方面大力促进较大规模文化产业集团的形成，在一定程度上也会导致文化产业垄断市场的形成。由此将使较大规模的文化产业集团赚取超额利润，损害中小企业的利益，并阻碍中小企业发展和创新。基此，我国虽已出台《中小企业促进法》，但是该法毕竟是国家层面的立法，且适用于所有领域的中小企业，缺少针对性和可操作性。因此，为了提高促进文化产业发展之地方立法的针对性和可操作性，更好地维护中小企业的权益，在未来地方文化产业促进立法的过程中，需对《中小企业促进法》的内容予以更细化的规定，有必要时还可在空白领域进行创制性立法。

第二，在体例结构上，缺少对文化企业（个人）权利的保障和对各职权主体法律责任的具体规定。笔者通过对四省市促进文化产业发展的立法文本进行分析得出：四省市在体例设计上主要集中在总则、引导扶持、人才培养与对外交流、市场培育以及服务保障等方面，且主要是通过设定政府各部门的义务、职责来促进文化产业的发展，但对文化企业（个人）权利的保障和对各职权主体不作为或者违反义务行为予以规制的法律责任却均未涉及。首先，在文化权利保障方面，政府实施文化促进的正当性基础在于依法落实公民的文化权利。[①] 通过立法的形式对文化企业（个人）权利予以明确规定，不仅有利于为国家机关在文化产业领域中的活动提供行为准则，而且有利于保障公民或集体免于遭受国家权力滥用之侵害，使其可以据此通过行政诉讼等方式来依法维护自己的合法权益。但在现阶段，我国公民的文化权利没有受到足够的重视以及有效彰显，且在其被侵害时也难以获得救济。有学者通过分析发现，出现这些问题的主要原因是当前文化权利保障机制薄弱，宪法层面上的文化权利没有在具体的法律中

① 宋慧献：《保障并落实公民文化权利：文化促进法初探》，《河南大学学报》（社会科学版）2018 年第 2 期，第 53 页。

细化与落实。[①] 因此，在未来的立法中，无论是国家层面立法还是地方立法，均需要对文化权利的保障予以积极的设定。其次，在各职权主体法律责任的设置方面，法律责任是指由特定法律事实产生的对损害予以补偿、强制履行或者接受惩罚的特殊义务。[②] 因而，对此进行明确的规定，不仅符合依法治国的要求，具有规范和约束政府行为的作用，而且也是公民文化权利得以实现的必要途径。但也有学者指出，在促进文化产业发展的法规中，不宜设置法律责任。究其原因，其主要认为，促进性法规应以授权性规范为主导，而禁止性规范应占少数或者没有。[③] 因此，立足于文化产业的立法领域，立法者则应该将重点置于优惠或促进措施之上，从而体现出该法以激励为主导的立法取向。其混同了授权性规范与禁止性规范所针对的对象。授权性规范应针对的对象是被促进主体，而禁止性规范应针对的对象是各负有促进义务的职权主体。因此，对两者均进行设置，既不互相冲突，也不影响激励效果的实现。相反，通过禁止性规范的设置还能够更加有效地督促义务主体履行法定义务（职责），还能间接增强促进力度。基此，在未来的地方立法中，法律责任必须体现其中。与此同时，值得注意的是，在对法律责任的规定中，还需规定针对侵权行为等所应采取的相应救济手段。因为救济手段是连接侵权者与被侵权者之间的桥梁，即被侵权者可以通过多元救济手段要求侵权者承担法律责任，从而实现其合法权益的维护。自古罗马时期以来，便有“无救济即无权利，有权利必有救济”的法律观念，更有学者专门对“权利救济”进行研究并得出结论，即一个“便利、高效、经济和完备的救

① 傅才武、蔡武进：《文化权利论》，《中国文化产业评论》2015 年第 1 期，第 40 页。

② 张文显主编《法理学》（第三版），高等教育出版社，2007，第 168 页。

③ 程雁雷、宋宏：《文化体制改革情境下的文化产业立法构想》，《学术界》2012 年第 2 期，第 27 页；周柳妤：《我国地方文化产业立法探究》，硕士学位论文，广东外语外贸大学，2016，第 16 页。

济手段和机制”，是以宪法为基准的法治社会得以最终实现的最有效途径。[①] 据此，笔者认为，另将救济手段通过立法的形式予以规定并与法律责任的设定相互衔接，也是当前文化产业促进立法中需要格外重视的问题。

综上所述，四省市的立法文本是地方促进文化产业发展在立法领域鲜活的法律素材，笔者通过对这些立法文本个性与共性内容进行分析，得出了目前四省市立法文本中所蕴含的优秀立法经验以及仍存在的不足，在提炼、吸收、借鉴与总结之后则能为《浙江省文化产业促进条例》的出台提供扎实的实践基础和优化路径，从而使其能够在法律内容的完善上、在具体条文的进一步细化上以及体例结构的改进上进行更加科学化、合理化的设计。

表1　四省市地方立法文本之共性归纳

要素性	内容
立法目的	促进文化产业发展；深化文化体制改革（不含深圳市、太原市）
文化产业范围	为社会公众提供文化、娱乐产品和服务的活动以及与这些活动有关联的活动集合（不含太原市）
法律原则	①政府引导、市场动作、统筹规划、协调发展；②鼓励自主创新；③扶持特色和优势文化产业；④强化知识产权保护；⑤社会效益和经济效益相统一；⑥注重对外交流（不含深圳市、西安市）
核心制度	①产业指导制度：应当制定发展规划并将其纳入国民经济与社会发展规划中，应制定文化产业指导目录并重点扶持； ②资金支持制度：A 财政拨款，设立文化产业发展专项基金并加强审核和监督措施；B 金融支持，支持建立风险投资和担保公司并为企业提供服务，支持文化企业通过发行债券、股票等方式筹集资金（不含太原市、西安市），支持文化企业以无形资产（如知识产权）进行质押贷款融资（不含深圳市、太原市），鼓励和支持非公有资本进入国家许可的文化产业领域（不含深圳市）；

① 陈焱光：《公民权利救济论》，博士学位论文，武汉大学，2005，第3页。

续表

要素性	内容
核心制度	③人才队伍培养制度：应当建立人才培养和引进机制并纳入工作规划，鼓励和支持高校、科研机构、文化企业等建立产业教学、科研和培训基地，国内外联合培养文化产业人才（不含深圳市），鼓励技艺大师传人收徒授业，取得资质人员享受人才待遇（不含太原市），应当对文化产业在职人员进行培训和继续教育（不含深圳市）； ④文化产业市场管理制度：应当积极推进文化体制改革（不含深圳市），积极发展行业协会制度、配套完善文化市场中的各类中介法律服务制度，应当建立科学、合理的评价与激励机制； ⑤知识产权保护制度：应当加强对知识产权保护的宣传，提供与知识产权相关的服务，完善知识产权行政执法与司法保护机制； ⑥促进对外贸易制度：应当为文化企业出口业务提供指导和支持（不含西安市、辽宁省）； ⑦服务保障制度：应建立健全信息、技术、人才、土地、交易服务等平台（深圳市、太原市仅含技术平台）
文化产业主管部门	省或市政府、文化行政部门负责指导和监管，其他有关部门负责相关工作（不含深圳市）
其他	推动文化产业集群建设；推进高新技术企业发展；加强文化消费市场培育

表2　四省市地方立法文本之个性归纳

要素	深圳（2009）	太原（2009）	西安（2012）	辽宁（2016）
立法目的	—	满足社会公众文化需求，推动特色文化名城建设	—	加快文化强省建设，满足公众精神文化需求
文化产业范围	—	概括式+列举式：概念强调运作流程和经营性，点明具体与文化产业关联的活动类型；列举文化产业具体类型	—	—

续表

要素	深圳（2009）	太原（2009）	西安（2012）	辽宁（2016）
法律原则	—	维护文化安全	—	—
核心制度	资金支持制度：另行制定资金管理办法。促进对外贸易制度：明确鼓励和支持的出口业务范围；打造对外交易平台，如文博会；应当组织文化产业项目去国外演出和评比等	产业指导制度：设专家咨询委员会，对政策和项目进行研究。资金支持制度：重点支持中小企业；编制文化企业享受优惠政策目录。促进对外贸易制度：应当支持拓宽对外渠道，培育外向型企业和中介机构；鼓励和支持文化企业对外开展交流和商业演出等	—	产业指导制度：应当开展文化企业法律服务。资金支持制度：战略性投资；指出采取贴息、补助和奖励具体方式支持；鼓励和支持政策性金融机构对重点企业和项目信贷支持；允许知识产权出资。人才从伍培养制度：对各级各类文化产业人才，不区分单位所有制性质，在评优、表彰和职称评定方面享受同等待遇；实施股权、期权激励制度。市场管理制度：具体明确文化体制改革内容，即国有经营性文化事业单位转企改制。知识产权保护制度：指明具体措施，即完善快速维权和维权援助，缩短维权审查和侵权处理机制

续表

要素	深圳（2009）	太原（2009）	西安（2012）	辽宁（2016）
文化产业主管部门	—	市县政府建立协调制度	市县政府建立文化产业发展联席制度，协调解决问题	设立领导机构，建立发展改革行政部门负责日常协调工作；具体指明有关部门，如工业和信息化、财政等9大行政管理部门负责相关工作
政府职责范围	规定8项政府职责	—	规定6项政府职责	—
其他	—	保障公民享受、参与和创造文化产品和服务的权益	—	鼓励文化与科技融合；提出文化消费市场培育具体措施；鼓励融资性担保机构开展信用评级和信用评价办法；发展改革行政等有关部门建立举报制度

五 《浙江省文化产业促进条例》的体例与内容设计

如何科学合理地设计该法规的体例与内容，是本报告的核心所在。综观前文，笔者主要通过“三个维度”来为其提供方向指引、立法精准定位和实践基础。一是通过对国家层面文化产业促进立法的研究进程进行分析，从立法结构、立法目的以及核心法律制度方面为浙江省地方文化产业促进立法提供宏观层面的立法指引，使其能更好地把握国家层面立法的理念。二是扎根浙江省地方特色土壤，就浙江省文化产业发展现状和法制环境两大方面进行必要性和可行性分析，明确当前浙江省文化产业立法的优势和问题所在，从而使其能够更好地明确地方立法的精准定位，提高立法的针对性。三是通过对四省市已有立法文本进行比较与评价，就立法演进和立法不足，为浙江省地方文化产业促进立法提供微观层面的立法指导，使其能够在已有的实践基础之上更加完善、具化。同时，值得注意的是，由于《浙江省文化产业促进条例》是对国家层面立法的“先试先行”，因而在体例以及内容的设计上会更加侧重于创制性立法，因此必须在明确其可操作的范围后再加以设计。

综上所述，在对该法体例与内容的设计上，其一是需要对文化产业领域的地方省级法规创制权限予以分析，从而明确地方立法机关可调整、控制和规范事项的权力范围以及在创制时所需遵循的创制要求；其二是在确定的范围和要求下，于“三个维度”的研究基础之上，对文本部分予以具体设计。

（一）地方省级法规创制权限与创制要求

地方立法的创制性问题实际上是对地方立法的自主性程度和强度的反映，这与中央和地方立法权限的划分有直接的关联。[①] 我国文化产业立法领域“重政策，轻立法”“重管理，轻促进”的特点以及缺乏“上位立法”的现状，将使地方文化产业促进立法的内容更加侧重于创制性立法。因此，具体至浙江省文化产业促进立法，其可在何

① 韩旭：《立法的创制性：审视中央与地方关系的另一视角——以浙江省为例》，《新视野》2015 年第 3 期，第 54 页。

范围内进行地方立法将很大程度上取决于地方省级法规的创制权限。通过对《中华人民共和国立法法》相关规定和文化产业促进立法特殊性的分析，笔者认为，《浙江省文化产业促进条例》的创制权限范围应介于“中央专属立法权”与“地方专属立法权”之间。首先，在中央专属立法权方面，《中华人民共和国立法法》第 8 条对“中央专属立法权权限范围”做了详细的规定，这对地方立法权而言是一条排除性条款。在该条款中，结合文化产业发展的特点，地方立法尤其需要对该条第 6 款“税种的设立、税率的确定和税收征收管理等税收基本制度”的规定予以准确解读。其次，在地方专属立法权方面，《中华人民共和国立法法》第 73 条第 2 款规定，地方性法规可根据地方事务需要进行创制性立法。虽目前我国《中华人民共和国立法法》尚未对地方事务的内涵进行具体规定，但学界主流观点[①]认为，地方事务具有“专属性”，即属于仅由地方解决，无须中央立法统一立法的地方事务，如在一定区域内颁布禁止燃放烟花爆竹、禁止捕鱼等规定。显然，促进文化产业发展是关乎我国国民经济能否蓬勃发展的关键之举，因而不符合地方事务“专属性”的特点，不宜在此方面进行创制立法。

同时，在“创制性立法要求”方面，在当前立法实践中，地方人大在进行创制性立法时往往犯难甚至退缩，并存在以下几个方面的问题：一是地方立法能动性低，往往照搬或者重复其他地方立法，从而导致立法缺乏地方特色；二是立法利益诉求不平衡，由于目前 80% 的地方法规草案都是由立法机关委托政府职能部门起草，因而使地方立法呈现“部门立法”“关门立法”的特点；三是过度

① 曹康泰主编《中华人民共和国立法法释义》，中国法制出版社，2000，第 149 页；乔晓阳主编《立法法讲话》，中国民主法制出版社，2000，第 239 页；孙波《论地方专属立法权》，《当代法学》2008 年第 2 期，第 18 页。

创新，越权立法，引发了上下法规、规章之间相互抵触的现象。[①] 因此，针对以上问题，为更加科学、合理地创制《浙江省文化产业促进条例》，立法者则应当遵循以下几个方面的创制性立法要求：一是地方人大应提升地方立法能力，融入浙江省特色，深入调研，改变以往“照抄、重复”其他地方立法的观念；二是坚持人大主导立法，落实浙江省公众参与立法制度，从而实现由制度化向法律化、法治化的转变；三是坚持“不抵触原则”，基于实施性立法与创制性立法性质的不同[②]，这里的“不抵触原则”应更多地体现在不得与宪法、相关法律和行政法规的精神实质、基本原则相冲突、相违背。

（二）《浙江省文化产业促进条例》的具体设计

《浙江省文化产业促进条例》应由体例与内容两部分组成，其中体例即该法规中所形成的结构框架，如总则、分则等，而内容则是各框架下所囊括的具体条文。两者具有相互对应的关系，即不同框架下所对应的具体内容不同。通过对该法创制权限的明确以及创制要求的遵循，并基于“三个维度”的研究基础，且内化国外优秀的立法经验，笔者认为《浙江省文化产业促进条例》可由三部分组成，分别是总则、分则和附则，其中笔者将从总则部分的立法目的、调整对象以及立法原则，分则部分的各核心制度的细化、企业（个人）权益保障以及法律责任与救济途径的“重点部分”展开论述。

① 黄文婷、黄晓敏：《论〈立法法〉修改后地方人大创制性立法的问题与对策》，《韩山师范学院学报》2017 年第 5 期，第 77 ~ 78 页。

② 目前在立法实务界和学术界，通常将地方立法划分为两大类：创制性立法和实施性立法。一般来说，地方立法，无论是创制性的还是实施性的，都是对中央立法的贯彻和落实。所不同的是，有些地方立法表现为对某一具体中央立法的贯彻和执行，可视为该中央立法在本地的实施细则，这样的地方立法就是所谓的实施性立法。而另有一些地方立法，是根据宪法、法律或者行政法规的某些规定，甚至是根据宪法和法律的某些原则和精神，针对本地的某种具体情况和实际问题而制定的，这样的地方立法为创制性立法。

1. 总则部分

法的总则部分对法具有统领作用，是整部法的纲领和事关法的全局的综合，它的内容一般包含立法目的、立法根据、法律原则、法的效力和法的适用等五大方面。① 笔者主要从立法目的、调整范围以及法律原则展开论述。

（1）立法目的

立法目的是立法机关在决定是否立法时必须厘清的前提性问题。有学者认为，对立法目的如何规定的探讨可从四个层面分析，分别是根本目的、主要目的、直接目的和最终目的。其中根本目的是保护公民文化权利，满足文化需求；主要目的是贯彻文化发展战略；直接目的是促进文化产业发展；最终目的是提升文化软实力。② 对此，笔者认为，该种划分方式不仅能够体现出立法目的的层次性，即“由内而外”“由近及远”的特点，而且也深层次地阐明了促进型立法目的的实质内涵，但其中将“贯彻文化发展战略”作为主要目的，笔者并不赞同，因为“文化发展战略”具有政策导向，具有不确定性，因此不宜写入起统领性作用的立法目的之中。据此，笔者认为可从根本目的、直接目的和最终目的三个层面来对立法目的予以分析。首先，根本目的应界定为“保护公民文化权利，满足公民文化需求”，因为“以人为本”是社会主义法治的出发点和本质要求，符合宪法精神。其次，结合当前地方文化产业立法目的“二元化”发展趋势，即“促进文化产业发展”和“推动文化繁荣”两个方面并驾齐驱，其直接目的应界定为促进文化产业发展和推动文化大发展大繁荣两个方面。最后，在最终目的方面，文化产业终究承载、体现和熔铸一个国家、民族的文化感召力、凝聚力、吸引力和传播力，文化产业的核

① 周旺生：《论法的总则部分构造》，《政治与法律》1995 年第 3 期，第 47 页。

② 于语和、苏小婷：《我国文化产业促进法立法刍议》，《甘肃理论学刊》2015 年第 6 期，第 106 页。

心竞争力、国际竞争力表征着文化软实力，因此，文化产业立法的最终目的应为提升文化软实力，让我国文化走向世界。也许会有学者提出浙江省文化产业的发展是否需具备如此高度，对此，笔者认为，浙江省是沿海对外开放的大省，相较于内陆而言更具优势，因而可将推动特色文化名省或强省建设作为浙江省文化产业促进立法的最终目的。综上所述，总结得出《浙江省文化产业促进条例》的立法目的为：促进文化产业发展，推动特色文化名省建设，从而满足公众文化需求，最终实现文化软实力的提升。

（2）调整范围

“文化产业”是目前我国立法文本中通用的标准用法，但与此同时还有几个竞争性的概念并存，如英国的“创意产业”、美国的“版权产业”、日本的“内容产业”等，研究认为，这几个概念都是关于文化作为一个产业的不同用语而已，其主要区别在于产业的性质不同。有学者在研究以上各文化产业特色内涵的基础之上提出：“文化产业”的名称应变更为“文化创意产业”，且其内涵也应是“通过具有创意的手段，对有知识产权的产品或传统文化加以开发和利用，为社会公众提供具有文化意义的产品和服务的产业，包括媒体类、艺术类、设计类以及其他具有文化创意特征的产业”[①]。对此，笔者认为运用概念来强调“创意”，并最终落脚至文化意义上，尤其值得浙江省借鉴。因为现今浙江省产业园区集聚效应虽不断加强，“梦想小镇”领跑全国，但是文化产业体系也因缺乏创意而呈现“概念化、庸俗化、同质化”现象，因而亟须通过立法的形式来强化“创意”。但是，若直接采用“文化创意产业”的名称和此类范围，笔者认为时机还不成熟。首先，在名称方面，虽然现在我国有些省市采用的是

① 郭玉军、司文：《文化产业促进法视角下文化产业界定比较研究》，《武汉大学学报》（哲学社会科学版）2015 年第 6 期，第 99 页。

“文化创意产业”的表述，但在中央一级的层面仍使用的是“文化产业”概念，因此为保持与中央的协调统一，采“文化产业”的表述较为妥帖；其次，在范围方面，笔者认为该范围过于局限，把对经济发展起较大促进作用的其他相关文化产业（如文化设备和用品的制造）排除在外，不仅与相关中央文件及地方立法文本相互冲突，而且不符合现阶段国情。其一，在中央文件以及地方立法文本方面，2003 年《文化部关于支持和促进文化产业发展的若干意见》、国家统计局对“文化产业”的规定以及四省市的地方立法文本，均将相关的文化产业纳入文化产业的范畴之中。其二，这不符合当前国情，限制了文化产业的进一步发展。因为当前我国正处于文化产业发展的初级阶段，为了更好地提升文化软实力，我国文化产业的发展应该在尽可能多的领域共同发力。并且就浙江省文化产业发展现状而言，目前仍以与文化相关的制造业、旅游业等为主导，高新技术产业、数字产业还在发展阶段。因此，就浙江省而言，立法应该将与文化相关的产业纳入其中。但值得注意的是，由于文化产业覆盖面广，与科技、教育、旅游等相关产业之间的交叉性越来越强，因而在尽可能拓宽文化产业范围的同时，也需对此有所限制，不应采用已有地方立法文本中所规定的“与文化相关产业”的表述，其中既没有列举也没有任何限制，终将会造成文化产业无所不包的乱象，以及出现部分企业打着文化产业的旗号骗取各种优惠等问题。综上所述，笔者认为，在对《浙江省文化产业促进条例》文化产业的概念界定上，应该采取“概括式 + 列举式”的方式，必要时还可辅之以文化产业政策，使其得以进一步明确。概念具体可表述为“通过具有创意的手段，为社会公众提供文化产品或服务的活动，以及与这些活动有关联的活动的集合。主要包括影视制作、出版、发行、广告、演艺、娱乐、文化会展、数字内容和动漫，以及其他文化服务和文化用品、设备以及其他相关文化产品的生产、流通和销售等行业”。

（3）法律原则

文化立法是相对于教育、科技、卫生等领域的立法，是针对文化产业、文化事业以及文化管理等活动的立法。可见，文化产业立法是文化立法的重要组成部分之一，因此，在研究文化产业法律的基本原则之前，首先要熟知文化法的基本原则，再以此为基础，结合文化产业发展的固有特色，对文化产业促进立法的基本原则予以设计。首先，关于文化法的基本原则，学界已开展了大量的研究并取得了丰富的研究成果，通过对这些研究成果进行分析，得出目前对文化法基本原则的研究主要有三种视角：政治原则、立法技术原则以及立法内容原则。为此，有学者指出，在法律文本中，在对文化法基本原则的规定上应强调对“立法内容原则”的设计，而不应将“政治原则”以及“立法技术原则”纳入其中，因为如“为人民服务、为社会主义服务”之类的政治原则不能够对文化立法中权利义务的配置提供相应的比较直接的指导和引领，而如“立法应科学、民主、合理”之类的立法技术原则更会使基本原则的体系显得混淆、混杂，因为“民主、科学、合理”等是在立法过程中、法律文本形成前所应遵循的普遍性要求。[①] 对此，笔者较为赞同，因为文化法基本原则不仅是对文化立法指导思想以及理论基础的高度凝结和集中体现，而且更是对文化法律制度与具体条文主旨和方向的提炼及概括，其必须具备指导性和统领性。因此，笔者仅就“立法内容原则”展开了进一步研究[②]并得出：目前“公民文化权利保障原则”、“市场化与政府规制协调原

① 石东坡：《文化立法基本原则的反思、评价与重构》，《浙江工业大学学报》（社会科学版）2009 年第 2 期，第 192 页。

② 参见张庆福《我国文化法制建设理论的深层探索》，《学术动态》2005 年第 5 期；肖金明《文化法的定位、原则与体系》，《法学论坛》2012 年第 1 期；刘普生、翟中鞠、田国宝《文化立法之法哲学研究》，《法商研究》1997 年第 1 期；唐明良《论文化立法的基本原则与基本规律》，《观察与思考》2012 年第 6 期；陈柳裕《文化立法研究：共识、争议、进展及其评判》，《浙江工商大学学报》2012 年第 5 期。

则”、“坚持社会效益优先，实现社会效益与经济效益相统一的原则”以及“保障文化安全与国际化之间平衡原则”等四大原则已成为学术界所共同认可的法则。与此同时，在此基础之上，有学者还提出还应强化“文化公序原则”，即维护文化产业公共秩序，倡导社会主义核心价值观，且其还指出该原则不是对民法领域“公序良俗原则”的移用，而是为文化创制主体所具有的创作个性与影响公众性之间的矛盾所确立的，因而需要在此原则之下以具体规定的方式来明确对基本政治方向和不良精神危害的评判标准、范围和界限。[①] 对此，笔者认为该观点颇具前瞻性和时代性，尤其对浙江省文化产业的健康发展而言更具有借鉴意义。近日来诸多网络直播平台乱象丛生，直播内容低俗谄媚、背离社会主义核心价值观，而浙江省网络直播平台的数量在全国位列第三，此类现象也层出不穷，亟须通过立法的形式加以调整。因此，文化法领域的上述四大原则应成为文化产业法律原则设计的基础并不断完善、优化。

基此，除研究文化法的法律原则外，文化产业促进立法的基本原则设计还需结合文化产业的固有特色和浙江省文化产业的发展趋势，以期提高其科学性、针对性和可操作性。文化产业具有双重属性，即社会属性与经济属性。前文主要是从文化法的角度来设计文化产业法律原则，因而其更多的是强调文化产业的社会属性。为同时兼顾文化产业的经济属性，在文化产业法律原则的设计方面还需对此发力。结合四省市的地方立法文本，“政府引导、市场运作、统筹规划、协调发展”、“鼓励自主创新”、“扶持特色和优势文化产业”以及“强化知识产权保护”等原则已成为地方立法实践中的共识，并发挥了积极作用，这值得借鉴。与此同时，结合浙江省文化产业发

① 石东坡：《文化立法基本原则的反思、评价与重构》，《浙江工业大学学报》（社会科学版）2009 年第 2 期，第 192 页。

展的现状，即出现“高新技术产业发展滞缓”“区域间发展极不平衡”等问题，还需对此予以法律原则的指引。

综上所述，立足于对文化法原则、文化产业法律原则以及浙江省文化产业发展特色的研究，同时在贯彻文化产业“双重属性”的基础之上，笔者认为《浙江省文化产业促进条例》的法律原则应整合为以下几个方面：其一，弘扬优秀民族文化，坚持社会效益优先，实现社会效益与经济效益相统一；其二，政府引导、市场运作、统筹规划、协调发展；其三，扶持特色和优势文化产业；其四，鼓励新兴业态和自主创新，强化知识产权保护；其五，注重对外交流，维护文化安全，维护公共文化秩序。

2. 分则部分

分则部分是对立法目的、法律原则等总则内容的进一步具体细化，笔者主要就相关核心制度与措施、文化产业企业（个人）权利保障以及法律责任与救济途径等内容展开设计。

（1）核心制度与措施

基本制度与措施，是文化产业促进立法的核心组成部分。细化这些制度的具体内容，提高可操作性，目的在于强化政府职责和保障公民文化权利。结合目前国内外研究及地方立法实践，对基本制度的构建可概括为以下几个方面：产业指导制度、资金支持制度、人才队伍培养制度、知识产权强化制度、高新技术促进制度、中小企业促进制度、文化产业市场管理制度、服务保障制度以及对外贸易促进制度等。通过对这些制度予以进一步分析，得出部分制度（如产业指导制度、服务保障制度以及对外贸易促进制度等）已日臻完善，但在措施的具化上还需进一步改进，如健全对外贸易促进制度中的“出口审批制度”等。至此，本报告囿于篇幅的限制，对这些较为健全的文化产业促进制度不再继续展开论述，笔者将立足于浙江省文化产业发展的需要，着重对正处于初步阶段且较为核心的相关制度予以具体设计，如资金支持制度、高新技术促进制度、中小企业促进制度、知识产权强化制度、人才队伍培养制度以及文化产业市场管理制度等，以期健全全方位整合推动机制来促进浙江省文化产业的发展。

第一，资金支持制度。资本是用于再生产的财富，若没有它，产业只能处于最初而简陋的状态。对此，文化产业也不例外，但该产业中企业“轻资产”的特点，即“固定资产少，而无形资产多”，使其处于“融资难，对其投资风险高”的困境。四省市的地方立法文本对此采取了有效的措施，但在此基础之上，笔者认为有必要对“支持建立风险投资和担保公司并为企业提供服务”的规定予以进一步的具体设计。首先，在风险投资方面，由于在未来民间投资才是最终的、有效的途径，因而在现阶段以“政府投资”为主要投资来源的基础之上，还应构建过渡性的民间投资措施。如在风险投资方面，日本的资金制度偏向于民间主导，鼓励民间慈善资金进入文化基金是其重要途径之一。对此，我国可予以借鉴，因为将“民间慈善资金”投入文化基金，既能够更大限度地发挥文化产业的社会功能，还能够实现该基金的保值增值。其次，在担保公司方面，目前辽宁省已经成立了各类民间担保公司并丰富了多元化的担保方式，基此，笔者认为还可以进一步明确“国有担保公司”为其提供财务担保的义务。基于文化企业的特点以及以银行为主要借贷市场的环境，该担保机构的加入能够缓解企业融资难的问题。以上两方面主要是围绕如何投资展开的，对于最关键的融资问题也必须予以关注，因为这才是决定企业能否在初级阶段迅速崛起的核心所在。在文化产业领域，向传统银行融资是融资的主要途径之一，但基于文化产业企业自身的特点，传统银行融资越来越难。杭州市在文化金融服务方面的实践经验，如建立专门的文创银行、创新的金融产品（如类似“印石通宝”艺术品融资产品、“拍益宝”金融产品以及“助保贷”融资平台）等则值得借鉴。并且《关于加快发展杭州文化产业的若干意见》也对此予以肯定。专门的文创银行和金融产品在管理模式、客户培育、产品创新及渠道搭建等方面都做出了有益探索，为金融助推文化产业发展提供了创新思路。因此，浙江省文化产业促进立法可将其政策文件转化至法律文件之中，使其进一步发挥效果。

第二，高新技术促进制度。“鼓励新兴业态和自主创新”是文化产业促进立法中一项重要法律原则，但结合已有的地方立法文本，该原则仅仅在总则中有所体现，在分则的具体条文中均未予以进一步的细致规定。有学者应用 DEA-Malmquist 方法，利用 2000 年至 2015 年中国省际文化产业投入产出的面板数据对文化产业全要素生产率增长进行了测算，得出：文化产业全要素生产率的增长主要来自科技进步的贡献。[①] 因此，文化产业的促进立法应在分则部分对“高新技术促进制度”予以重点设计。在对该制度的设计方面，日本和韩国均有所涉及，但较日本而言，韩国的法律规定更详细，更具可操作性，其主要从技术研究经费、数字化标准以及研发机关等三个方面着手。笔者立足浙江省文化产业尖端科技发展滞缓的现状，结合韩国的立法经验，认为“高新技术促进制度”可从以下三方面具体展开。其一，资金保障制度。合理规划文化产业专项资金，保障技术研发所需的必要经费，为研发机构提供政策和资金支持。其二，委托制度。国家可将与技术相关的事业和业务委托给第三方，如法人、社会团体或个人，并指定负责相应事务的机关。其三，鼓励制度。一方面是对在科技成果领域做出突出贡献的企业或者个人予以奖励；另一方面是积极鼓励“科技成果转化”，大力促进产学研合作成果转化为生产力。但值得注意的是，在这方面，“知识产权保护力度是否强劲”是推进科

① 隋志茹、冀朝旭、周婉姝：《文化体制改革与文化产业全要素生产率增长》，《改革与开放》2016 年第 14 期，第 19 ~ 20 页。

技成果可否顺利转化的关键所在，目前我国在此方面仍存在诸多问题，如侵权案例对发明人保护不足、实际赔偿额过低等，为此在日后的修法中还需不断完善。

第三，中小企业促进制度。最新修改并颁布的《中小企业促进法》，将“中小企业”的类型予以进一步划分，将其分为中型企业、小型企业和微型企业三类，但该法律对中型、小微企业面临的不同问题却未区别对待，针对性还不够强。其中小微企业是中小企业中最弱势的群体，且关系中国经济的发展后劲，对此，立法内容应该更多地聚焦于小微企业，尤其是科技型小微企业。① 目前在文化产业领域，浙江省小微企业的发展遇到诸多问题，如融资难、垄断企业或强势采购方故意拖欠小微企业款项以及创新力度不够等。基此，笔者认为，其一，在“融资难”问题上，应对小微企业予以更多照顾，例如可以以政策的形式对不同类型的企业采取不同的指导标准，即分级资助，抑或借鉴日本经验，即专门设立为中小企业服务的新兴股票市场（OTHERS），从而为更多中小企业提供直接的融资渠道。其二，在“故意拖欠款项”方面，应加大惩戒力度，例如完善企业的信用评级制度，严重者可将其纳入失信名单。其三，在“创新力度不够”的问题上，政府应推动小微企业形成良好的创业创新生态系统，并通过强化天使投资或风险投资等股权投资方式来保障创新。其中，在创业创新生态系统的形成方面，就需要通过立法的形式在两大平台的打造方面给予小微企业更多的关注。这两大平台分别是“文化产业孵化平台”与“文化科技创新平台”。由于一些中小企业资金力量弱，因此即使存在高新技术产业也无法进一步开拓创新。浙江省“十三五”规划提出要“建立

① 辜胜阻、庄芹芹、冯德崇：《〈中华人民共和国中小企业促进法〉修法看点与完善建议》，《经济与管理》2017 年第 5 期，第 3 页。

健全共享机制，实现国家重点实验室、国家工程中心等技术平台向文化企业开放”，若国家重点创新项目、创新孵化器能与中小企业接洽，向中小企业开放甚至落户创新潜能较强的中小企业，便能更好地助推中小企业创新发展，进而形成良好的创业创新生态系统。

第四，知识产权强化制度。就文化产业促进立法而言，需要进一步厘清其与知识产权法之间的关系。知识产权法既是保护知识产权并实现权利主体的利益享有和支配的私法，又是在协调产权保护与再创造以及再创新之间的利益平衡关系和实现文化传承创新、创新创造与创业相衔接的公法。因此，完善文化产业促进法，需要与知识产权法的修改协同推进，即“协同修法”。如就著作权法的修改而言，在文化发展的意义上，其必须对这些问题予以创造性的回应：对“创意”本身的保护是否存在立法空间的问题①；“合理使用”的范围限度问题，如基于个人研究或欣赏的需要对音乐作品的利用，是需要付费还是属于公共领域的范畴等；互联网、大数据、云计算技术对作品的传播和利用方式的冲击问题，如音乐采样、拼贴文化等。② 但在目前知识产权法尚未修改的前提下，就已有立法资源以及浙江省产权保护实践经验而言，笔者认为应通过立法的形式要求政府建立统一的文化产业知识产权公共服务平台和知识产权评估体系。首先，在知识产权公共服务平台的建设方面，嘉兴市在“两个中心”的基础上取得了卓越的实践经验，一个是国家专利技术（嘉兴）展示交易中心，另一个是嘉兴市知识产权维权援助中心。这“两个中心”不仅有力地推动了专利技术的交易转化，而且也有效地为单位或个人知识产权纠纷的解决提供了智力援助和相应的服务。鉴于此，在浙江省文化产业知识产权保护的立法方面，政府应当以上述“两个

① 刘亚军：《文化创意产业的知识产权保护》，《社会科学辑刊》2015 年第 3 期，第 64 页。

② 黄汇：《〈著作权法〉修改应解决公共领域难题》，《中国社会科学报》2015 年 7 月 22 日。

中心”为基础搭建全省统一的知识产权公共服务平台并引入从事知识产权服务的中介机构，从而在知识产权信息查询、管理、交易以及侵权救济方面为文化产业发展提供专业服务。其次，在健全知识产权评估体系方面，知识产权融资担保将成为未来文化产业融资的重要途径之一，基此，为方便各金融机构对比评估产权价值，可由政府部门牵头，组建知识产权专家评估团或者引入“第三方评估机构”，即公布一批权威的知识产权评估机构白名单，为知识产权评估提供专业性依据。

第五，人才队伍培养制度。人才是我国文化产业发展的根本保障，也是我国文化产业持久发展的最重要条件。有学者指出，目前创意人才的极端匮乏已成为中国文化产业发展的“瓶颈”。[①] 立足于浙江省文化产业人才队伍的建设现状，如前文所述，结合 2017 年的最新数据调查，浙江省的创意人才和复合型高端人才严重缺乏。除此之外，以杭州市为例，还存在“高端人才业态分布不均衡”、“人才培养不够充分”以及“人才市场有待健全”等诸多问题。[②] 这具体表现在：其一，动漫游戏、艺术品、文化创意产业等人才比例不足 5%；其二，缺乏专门的创意实践理论和实践经验，人才总体素质不高；其三，对外交流较少，导致诸多高端人才外流。浙江省文化产业促进立法必须对以上问题加以调整。其一，应强调以市场为需求导向加大人才培养，如重点培育动漫游戏业人才、现代传媒业人才、文化会展业人才以及文化休闲旅游业人才等。其二，应强调以交流合作为措施减少人才外流。如借鉴纽约、柏林、东京等城市的经验建立各类创意中心，展开国际交流合作，吸引高精尖人

① 华正伟：《我国文化创意产业人才培养模式的构建》，《沈阳师范大学学报》（社会科学版）2009 年第 3 期，第 39 页。

② 范小春主编《文化创意产业新趋向——浙江省文化创意产业研究报告》，上海三联书店，2017，第 12 ~ 13 页。

才。在我国，北京早在2006年就与伦敦艺术大学合作，建立了“世界创意之都”，成功地实现了两地人才的交流与合作。其三，应加强产学研合作，缩短学用落差，积极推动校企共同制定人才培养标准。浙江省目前已有很多高校或学院采取了类似的培养模式，如浙江大学与阿里巴巴在“互联网法律”上的合作，浙江工业大学法学院与浙江省高级人民法院所建立的研究生实践基地等。在浙江省文化产业促进立法的过程中，可将这些已有的办学模式予以进一步的肯定或者提倡，从而解决学校教育与社会需求相脱节的问题。

第六，文化产业市场管理制度。对文化产业市场实施管理，目的在于为文化产业提供一个公平公正的市场环境，从而间接促进文化产业的快速发展。通过对已有研究以及地方立法文本的分析，得出目前在文化产业市场管理制度的构建上主要包括推进文化体制改革、发展行业协会制度以及中介法律服务制度等三个方面。但其中，推进文化体制改革和发展行业协会制度在具体条文的细化上或者上位立法方面存在研究或者法律实践的空白，对此笔者予以重点设计。一是推进文化体制改革。文化体制改革主要围绕文化企业和文化事业单位展开，而两者具有不同的性质和特点，其中文化企业是经营性单位，而文化事业单位则是以社会公益为核心目的，并享受国家拨款。但近年来，随着市场化浪潮的不断推进，两者的界限不断模糊，其中文化事业单位出现了“事企不分”“功能紊乱”等弊端，与此同时，其还在市场化改革的旗帜下肆意追求盈利，弱化公共服务职能。基此，有学者提出按照文化事业单位的主要职能或社会价值进行区分，若其主要职能是从事公益服务，比如广播电视台，则强化该职能并严格管控其财务支出和营利性行为；但若其主要职能非从事公益服务，而是从事生产经营性活动，例如某些出版社、杂志社等，则应实行转企改制，同时主管部门采取“黄金股”的方式对其加以管控，确保其正确走向。[①] 此外，针对文化事业单位，可借鉴美国法律的规定[②]，即只要其从事相关商业活动，则这些活动均不能享受其作为非营利机构的政策优惠措施。二是发展行业协会制度。对文化事务的管理，既要政府主管部门依法行政，也离不开文化产业行业协会依法自治，缺乏任何一方面都是不完整的。文化产业行业协会不仅是企事业组织与政府沟通的桥梁，具有维护会员合法权益的重要意义，而且更是改革计划经济体制下形成的政府直接办文化、直接管理文化单位甚至直接经营文化单位的旧体制的关键之举。目前，浙江省已出现诸多类型的文化产业行业协会，例如浙江省文化创意产业协会、杭州市文化产业促进会、杭州市休闲发展促进会、杭州成长型企业品牌促进会、台州市文化产业促进会等，但是各自的法律地位不明，并且出现自身建设缺乏规范约束的问题。因此，有必要在浙江省文化产业促进立法的过程中，明确文化产业行业协会的性质、地位、职责，特别是协会与政府，协会与文化企事业单位之间的关系，从而更好地指导浙江省文化产业行业协会的建设和发展，如可在职能方面明确“沟通职能”、“服务职能”以及“自律管理职能”等。

综上所述，在结合国内外已有研究、部分地方立法实践以及笔者的分析基础之上，《浙江省文化产业促进条例》应着重围绕对“产业指导制度、资金支持制度、知识产权保护制度、高新技术促进制度、文化产业市场管理制度、中小企业促进制度、人才队伍培养制度、促进对外贸易制度、文化产品内容审查制度以及服务保障制度”等十大核心制度进行规定。

---

① 周刚志、周应杰：《“文化产业促进法”基本问题探析》，《江苏行政学院学报》2017 年第 1 期，第 134 页。

② 以美国为例，博物馆等非营利性机构出售明信片或微型版艺术品等属于免税范围，但是它们设立餐厅、停车场等，开展与单位（机构）使命不直接相关的活动，则被视为“与非营利性地位无关的商业活动”予以征税。可参见〔法〕弗雷德里克·马特尔：《论美国的文化：在本土与全球之间双向运行的文化体制》，周莽译，商务印书馆，2013，第 349 页。

（2）文化产业企业（个人）权利保障

实践证明，国家在对公民文化权利的实现上必须担负起与自身能力相匹配的义务，即“国家义务是公民权利的根本保障”[①]。因此，笔者在对上述文化产业促进制度设计的过程中，积极贯彻“保障公民文化权利”的理念，通过“应当”“不得”等字眼来强调国家义务，从而使文化产业企业或者个人可以此作为请求权基础来要求国家履行相关义务并维护自己的合法权益。但除此之外，笔者认为还需对文化产业企业（个人）的相关权利予以直接的规定，有必要时可再通过规定义务的方式来予以保障。文化产业企业（个人）是文化产业促进措施的最终执行者，也是受这些措施影响最深刻的利益相关者。基此，地方立法可着重规定文化产业企业（个人）享有参与权、知情权、选择权以及监督反馈权。其一，在参与权方面，在文化产业法规与政策的制定过程中，要确保其享有参与的权利。其二，在知情权方面，在已制定的政策和法规出台后，要保障其知情权。就如在《浙江省台湾同胞投资保障条例》（2017 年修订）修法前的调研过程中，很多台湾同胞对浙江省已有的很多优惠政策一无所知，这大大影响了产业的进一步发展。据此可知，对浙江省而言，立法者通过立法的形式保障文化产业企业（个人）的知情权是必要的、迫切的。其三，在选择权方面，在法规、政策的指引下，应尊重文化产业市场发展的规律，赋予其根据自身经济进行决策的选择权。其四，在监督反馈权方面，应积极完善监督举报机制，并畅通反映问题的渠道，如构建“两微一端”的沟通交流机制，即微博、微信和客户端。这样既能够适时地接受群众的反馈意见，还能方便与群众进行交流。但值得注意的是，此类沟通机制必须予以常态化，由专门的信息中心负责，

① 李星：《论我国公民文化权利保障中的国家义务》，硕士学位论文，河北师范大学，2013，第 3 ~ 4 页。

否则会因技术存在问题而被搁置。此外，有学者提出为提高法规或政策的执行效果，可赋予文化产业企业（个人）达到一定标准后享有受奖励的权利。[①] 对此，笔者较为赞同，这是“新型行政行为——行政奖励”在立法中的展现，是体现政府高度辅助的形式之一。这值得浙江省地方立法吸收、借鉴。

（3）法律责任与权利救济

此处所指的“法律责任”主要指政府违反本法所应承担的法律责任。该法律责任设置的目的在于促使文化产业企业（个人）的权利保障真正实现落地化、可操作化，即文化产业企业（个人）可以以受损的权利作为请求权基础要求政府或相关职能部门承担法律责任，从而起到“调和政府与公民之间利益平衡，保障公民权利”的作用。但与此同时，无论在何时，有“法律责任”就应有“救济手段”，这是宪政的必然要求。因此，笔者将从“法律责任”与“救济手段”两个方面展开叙述，从而为《浙江省文化产业促进条例》在该方面具体条文的细化上提供方向指引。首先，在“法律责任”的设置方面，由于责任主体主要是政府，因此该责任类型主要以行政责任为主，其中既包含“积极作为的法律责任”，也包含“消极不作为的法律责任”。此外，在具体内容的设置上，应以相关法律制度为衔接，并根据具体的上位法规定以及立法需要，围绕“惩罚”“补偿”等承担方式展开。其次，在“救济途径”的设定上，针对责任主体多为行政机关，因而救济手段可以分为两类：其一是行政复议或者行政诉讼手段，适用于受到行政处罚的文化产业主体；其二是人事仲裁，法律主体受到行政处罚时适用。另外，除了诉诸法律，采用仲裁的方式外，还可以对新的救济途径予以法律上的确认，如运用平

① 于语和、苏小婷：《我国文化产业促进法立法刍议》，《甘肃理论学刊》2015 年第 6 期，第 106 页。

台治理，以及向文化产业各大主管机关投诉的方式。其中以“平台治理”为例，目前该救济机制大多运用于原创作品的知识产权保护领域，现已有部分主流平台的侵权处理机制较为完善，成效较好，如头条号、大鱼号、一点号、企鹅号以及微信公众号等。侵权处理率是反映平台版权保护的态度和力度，衡量平台治理能力和侵权处理机制的重要指标。为此，这些平台围绕“侵权处理率”制定了一系列的具体规定，如投诉的途径、案件处理的时限以及及时公布侵权处理率的业内排名等。[①] 这类在互联网时代下诞生的新型救济途径既是对传统诉讼维权途径的一种有益补充，能缓解当前法院案件爆炸式增长但法官人手不足的问题，又能降低诉讼成本并快速地解决一部分侵权案件。因此，这值得在文化产业促进立法的过程中予以整合和确认。

六　结语

研究证明，促进文化产业发展的地方立法是助推文化产业蓬勃发展的重要手法和必要途径。地方立法的构设，不仅表现为对一定社会关系网络在法律上的承认和确认，更是着眼于对这种社会关系格局在合法性基础上的持续维系与强力保障，哪怕是将立法者所拟定的社会关系形态加以现实化、合法化和延伸化。因为这样可使地方立法不仅仅局限在特定的物理空间上，而且会在制度空间上发挥群聚功能，将与地方有关的主体、物质、社会资源进行法律价值目标下的导引和配置，从而使形成该配置的可能最终获得法律上的保证。落实至浙江省文化产业促进立法的领域也是如此。故，为进一步创设

① 搜狐网，http：//www. sohu. com/a/200669229_ 99970761，最后访问时间：2018 年 3 月 20 日。

《浙江省文化产业促进条例》的具体内容，笔者在接下来的研究中，还应立足于浙江省的省情特点、文化产业发展的特色，并贯之以“促进文化产业发展、保障公民文化权利”的立法目的，着重对“相关核心制度”予以更加科学化、合理化的设计。

B.7

台北“故宫博物院”文创产品开发研究*

吴春晖　范文静**

摘　要： 近年来，国内众多博物馆相继推出各类文创产品，一改往日单一枯燥的局面，甚至一些精良的文创产品成为“市场爆款”或“网络红人”。本报告以台北“故宫博物院”为例，对博物馆文创产品的开发展开研究。文章首先梳理了台北“故宫博物院”文创产品的发展历程、开发模式及销售现状；其次总结了台北“故宫博物院”文创产品开发存在的问题，即文创产品缺乏创意、缺乏市场调研、产品实用性不高；并提出相应的对策建议，即加大开发深度、融合新时代科技、加强市场调研。在此基础上，结合台北“故宫博物院”多年文创事业的发展经验，探索我国博物馆文创产品的发展路径，希望有助于我国其他区域博物馆文创产品的研发设计和博物馆文化创意产业的成长。

关键词： 台北“故宫博物院”　文创产品　博物馆

* 本报告系北京市博士后科研活动资助项目“京津冀都市圈文化旅游发展的经济效率与模式选择”（10000200277）和北京市社会科学青年基金项目“北京古都文化资源挖掘与传承研究”（18GLC050）的阶段性研究成果。

** 吴春晖，北京印刷学院文化产业管理系；范文静，北京印刷学院经济管理学院文化产业管理系，清华大学新闻传播学院与北京印刷学院联合培养在站博士后，研究方向为文化旅游、文化遗产保护等。

一　引言

整合了收藏、保存、研究、展示等功能的博物馆，近几年在利用馆藏资源开发文化创意产品（以下简称“文创产品”）方面一改往日传统的严肃风格，以更亲民的方式走入大众休闲生活，增强了原有的基本功能。2017 年，我国文化部印发的《文化部“十三五”时期文化产业发展规划》中提出：到 2020 年要创建 50 个博物馆文创品牌，创设 10 个博物馆文化创意衍生品研发基地，使博物馆文化创意产业的整体实力和竞争力得到显著提升，并使其成为国民经济支柱型产业。以北京故宫博物院为代表的博物馆文创产品带来的巨大经济效益和社会效益正在逐步显现。但是，目前我国博物馆文化创意产业发展仍然面临着文化资源利用率低、衍生品形式单一、跨文化设计产品少等现象。本报告选取文创产品开发起步早、产品知名度高的台北“故宫博物院”为案例，分析其文创产品开发的现状及发展过程中存在的问题，并提出相应的对策建议，希望有助于推动我国其他地区博物馆文化创意产业的发展。

二　台北“故宫博物院”文创产品发展现状

（一）发展历程

台北“故宫博物院”文创产品的开发主要经历了三个阶段，总共 50 多年。第一阶段是 1960 ~ 2000 年，台北“故宫博物院”开始涉足文化创意领域，但由于缺乏资金和经验，其文创产品大多是以仿制馆藏文物为主。第二阶段是 2000 ~ 2010 年，台北“故宫博物院”不再简单地复制馆藏文物，而是创造性地开发产品。在传统即新（old is new）的发展理念下，一方面与全球知名设计公司合作，另一方面积极参与文化创意展览，为文创产品的开发和设计提供新的可能性。第三阶段是2010年至今，台北“故宫博物院”开始开发价格较高、市场份额较小的高端产品，如高仿瓷器、画作和自己发行的出版品等，以满足小众市场高需求客户。目前，台北“故宫博物院”文创产品共有七大类（见表1），文创产品年收入已经超过10亿元人民币。

表1　台北“故宫博物院”文创产品分类

书法绘画	典藏精品	图书影音	服饰配件	生活用品	设计文具	品牌授权
黄金书 书法墨迹 山水绘画 人物宗教 花鸟动物	陶瓷 琉璃 青铜器 珍玩 迷你瓷器	月刊期刊 展览图录 佛教经书 套装系列 数位光碟 图书文献 外文书籍	女饰品 男饰品 提袋和包 服装 随身镜 丝巾手帕	居家摆设 餐桌用品 品茗茶具 马克杯 保温杯 旅行用品 个人用品	名片盒 笔/尺 文具收纳 资料夹袋	法蓝瓷 艺拓 品金品 臻印

资料来源：台北“故宫博物院”衍生文创商品厂商说明会《博物馆商店销售情况简报》，2019年3月25日。

（二）开发模式

台北“故宫博物院”目前文创产品的开发模式主要是品牌授权、出版品授权、图像影音授权和合作开发四种方式（见表2）。

表2　台北“故宫博物院”文创产品开发模式及典型作品

开发模式	合作实体	典型作品
品牌授权，授权其他机构将博物院的注册商标和文物IP用于文化创意开发，二者合作，被授权机构按照博物院的整体品牌内涵进行授权业务规划，博物院有权监督检查授权商品和生产企业的生产方式。博物院收取授权业务的权利金，主要有商标授权金、销售分成、图像视频授权金等	法蓝瓷、JIA Inc.、艺拓国际 Tales 神话言、Alessi	“翠玉白菜”酒瓶、日常美学系列、小乾隆茶器

续表

开发模式	合作实体	典型作品
出版品授权,博物院与被授权企业进行商业合作,拓展多元化出版内容,促使博物院充分发挥教育功能和文化功能。一般由意向方向博物院提交合作计划书,得到同意后,按照发行数量、建议售价、出版品形态等因素计算权利金	万世国际股份有限公司、台湾汉珍数位图书股份有限公司	《永乐大典》项目、《历代宝案》
图像影音授权,博物院授权合作机构或个人使用藏品的底片、照片、数字图文或其他影音图像资料,依据不同的授权目的收取相应的权利金和相当于权利金20%的履约保证金	太极影音科技股份有限公司等	博物馆惊魂之夜、国宝总动员、白瓷娃娃
合作开发,博物院以其品牌优势和文化影响力吸引社会力量参与,由制造商提交设计方案,利用馆藏文化元素、数字图像或文物知识,设计和开发产品,以满足文创产品的销售需求。合作开发是制造商和博物院通过合作,共同开发文创产品,双方可自行协商具体盈利分成比例	台湾威秀影城等	"乾运兴隆"故宫限定款系列、"朕知道了"胶带、"翠玉白菜"伞

资料来源：笔者根据官方网站、新闻等资料整理。

（三）销售现状

截至2019年3月22日，台北“故宫博物院”博物馆商店在线商品共有4484项，其中，出版品共有728项，出版品授权产品共有93项，合作开发产品共有2207项，品牌授权产品共有1456项。2018年品牌授权产品销量较2017年有所上升，而合作开发产品销量较2017年却有所下降。[①] 畅销商品纸胶带、钥匙圈、手机挂饰、文件夹的销售情况均在2018年有所下降（见图1）。

① 《台北故宫文创经验：这些产品别开发》，https：//www.jianshu.com/p/cba8e75f34c1 2019－05－06。

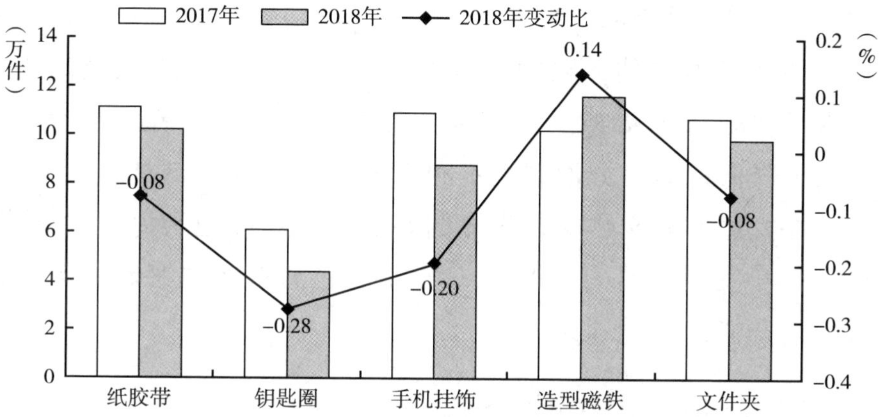

图1　台北“故宫博物院”年度畅销品销量对比

资料来源：台北“故宫博物院”衍生文创商品厂商说明会《博物馆商店销售情况简报》，2019 年 3 月 25 日。

三　台北“故宫博物院”文创产品开发存在的问题

（一）文创产品缺乏创意

创意设计是文创产品的核心，博物馆文创产品和普通博物馆纪念品的本质区别就在于创意。[①] 博物馆文创产品的核心价值在于能够发掘出典藏文物蕴含的文化内涵，并通过创意的形式表现出来。目前台北“故宫博物院”文创产品的开发大部分仍然停留在直接复制馆藏文物，或对馆藏文化元素的简单提取上，缺乏创新设计，如“朕知道了”纸胶带。

这些文创产品只是将提取的文化元素简单地印制在产品上，

① 王伟伟、杨琨钰、王苗：《以故宫经验分析陕西历史博物馆文创产品设计》，《工业设计》2018 年第 11 期，第 47～49 页。

除文化元素不一样外，差异性很小，缺乏巧妙构思。一方面，对消费者的吸引力欠佳，限制了消费者的选择范围，无法及时满足消费者日益增长的精神文化需求，久而久之，消费者的消费动力就会大大降低；另一方面，也不利于博物馆未来文创产品的发展。因此，在挖掘典藏文物文化内涵的基础上，巧妙地运用这些元素，使产品的开发设计具有独特性，才能引起消费者的兴趣，激发消费者的消费能力。

（二）文创产品实用性不高

文创产品定位与开发需要以社会公众需求为导向，除了注重文化资源与创意元素在产品中的融入，更要关注产品本身在日常生活中的实用价值。[①] 博物馆将典藏文化元素与社会生活相结合设计出的实用性文创产品，既符合公众的精神文化需求，又能满足公众对物质层面的需求。目前台北“故宫博物院”推出的“国宝好玩艺公仔”“冰山一脚”潮袜等文创产品，虽然外观新颖，但在实际生活中依然缺乏实用性。

卢建洲和马鹏从设计学角度对博物馆文创产品的开发进行研究，认为具有实用价值的产品更能够激起消费者的购买欲望。[②] 因此，今后台北“故宫博物院”在设计开发文创产品时，应将实用性原则贯彻到整个研发设计过程中，将文化元素融入日常生活，设计出更多兼具美感和实用性的文创产品，激发公众的购买欲望，以满足公众“将博物馆带回家”的愿望。

① 张俊华：《文化文物单位的文化创意产品商业模式》，《东岳论丛》2018 年第 5 期，第 184 ~ 190 页。

② 卢建洲、马鹏：《从设计学角度对博物馆文创产品开发的研究——基于台北“故宫博物院”文创产品分析》，《大众文艺》2017 年第 19 期，第 122 ~ 123 页。

（三）文创产品市场调研不足

博物馆研发文创产品并不是盲目地复制文化元素，而是应该从发展与传承的角度出发，对文物进行深度发掘与利用，并且要与当代大众审美和需求契合。[①] 目前台北“故宫博物院”在市场调研中虽然做了很多工作，但仍然不足，导致研发的部分产品与市场不匹配，如产品做工精细，品质较高，但价格超出一般消费者的消费能力，或不太注重实用功能，难以吸引消费者。投入市场后，也没有建立有效的反馈机制，导致无法及时优化和提升文创产品的品质。

四　台北“故宫博物院”发展文创产品的对策

（一）抓住馆藏特色，加大开发深度

每个博物馆都有自己独特的馆藏品，作为中国三大博物馆之一的台北“故宫博物院”自然也不例外。在文创产品的设计开发过程中，要想设计出具有台北“故宫博物院”特色的文创产品，就要抓住馆藏特色，深入挖掘馆藏文化资源，加大开发深度，从馆藏品中汲取灵感，通过设计，使藏品中蕴含的文化内涵更加生动，从而创造出更具特色的文创产品。

如2016年在苏州博物馆举办的名为“型走的历史”的时装秀上，苏州博物馆的建筑与馆藏文化元素被融入现代的服装设计，唐伯虎的“漫兴”系列，贝聿铭的建筑系列以及山水鱼游系列，体现了现代与古典的相互交融，受到了社会的广泛关注。由此可见，只有抓住自身馆藏特色，深度挖掘藏品的文化内涵，才能够设计出有吸引力的文创产品。

---

① 特日格勒：《博物馆文创产品开发中的问题及发展方向》，《赤峰学院学报》（自然科学版）2017年第15期，第97～98页。

（二）融合新时代科技，提高产品实用性

随着时代的发展，越来越多的博物馆将新技术应用于文创产品的开发和设计中。例如，北京故宫博物院开发的一系列应用程序、苏州博物馆的“云观博”AR智慧博物馆导览应用程序等，都为公众带来了深刻的互动体验，但如何进一步将AR、VR和3D打印技术应用于文创产品的开发和设计中，提高文创产品的技术含量仍是博物馆必须考虑的问题。或许，未来消费者可以通过互联网参与博物馆文创产品的设计，再通过3D打印机打印出来，充分满足消费者的个性化需求。

此外，博物馆文创产品的开发和设计在注重美观性的同时，更应注重其实用性，能够融入社会生活的、有实用价值的产品才更能激发公众的购买欲望。例如，由北京故宫博物院开发的神骏水果叉、“朕不能看透”眼罩，由苏州博物馆开发的秘色瓷莲花碗曲奇、山水间·文具置物座，由南京博物院开发的穆夏·美妆镜、书灯等。这些文创产品兼具美观性与实用性，所以才能经久不衰，公众在使用过程中不仅可以加深对博物馆文化的体验，还可以获得文化消费的乐趣。

（三）加强市场调研，明确市场定位

博物馆文创产品的设计和开发应以公众的需求为导向，因此，要做好市场调研工作，充分了解不同社会群体的消费心理和消费需求，通过精准定位，细分市场，根据不同社会群体有针对性地设计文创产品，开发能够真正满足社会大众需求的、契合其消费心理的产品。站在受众实际需求的角度做出综合分析，以生活美学为视角，让博物馆文创产品真正融入受众的衣、食、住、行、玩之中。[①] 此外，还应重视后期追踪调查，了解消费者满意度等问题，为优化现有产品或研发

① 魏鹤：《博物馆文创产品的开发与创新设计探讨》，《中国民族博览》2017年第10期，第240~241页。

新产品奠定基础。

例如，2017年北京故宫博物院与无同设计、鹿晗工作室共同针对青少年学生群体研发设计的天禄琳琅文具礼盒一经推出就受到极大的欢迎；2018年北京故宫博物院更是根据公众对传统文化的需求，推出了《哇！故宫的二十四节气》系列图书以及同名应用程序，将图书内容与真实环境、藏品相融合。[①] 因此，开发博物馆文创产品要明确市场定位，根据不同社会群体的需求（见表3），依托馆藏文化元素，推出符合社会要求的，满足大众需求的文化创意产品。

表3　目标人群与对应的文创产品

目标人群	特征	可研发的文创产品
5～14岁	求知欲、好奇心强，注意力极容易转移	儿童读物、益智玩具、文具等
15～35岁	接受新事物的能力强，追求时尚潮流	文具手账、服饰包袋、彩妆首饰、手机壳、行李牌、冰箱贴、钥匙扣等
36～50岁	有一定知识储备，思维活跃，精力充沛，有较强消费能力	时尚家居用品、办公产品、工艺品等
50岁以上	有一定社会阅历，爱好收藏，有一定消费能力	有收藏价值的书籍、字画或工艺品等

资料来源：笔者根据网上资料分析整理。

五　对博物馆文创产品未来发展的思考与建议

（一）开发系列化产品，注重品牌建设

博物馆文化产品是文化内涵的载体，系列化产品则是文化内涵的

① 吴春晖、范文静：《博物馆文创产品开发研究——以北京故宫博物院为例》，《北京印刷学院学报》2019年第4期，第37～41页。

复合体。[①] 博物馆拥有丰富的文化资源，如果可以根据同一文化元素设计出不同种类的系列文化产品，满足不同受众群体的需求，那么形式多样、用途不同的产品就可以为消费者提供更多的选择，引起消费者的关注和兴趣，从而激发消费者的消费动力。如根据“翠玉白菜”，台北“故宫博物院”研发了80多种文创产品，与法蓝瓷合作设计的系列文创产品也包含了摆件、餐具、饰品三大类，受到了不同受众群体的青睐。

此外，博物馆文化创意产业在发展过程中若想得到社会的认可，还要树立品牌意识，通过品牌的建设增强影响力。因此在博物馆品牌建设的过程中，可以推出独具特色的、符合博物馆发展理念的、质量过关的衍生产品，使其成为博物馆的代言人，同时也可以将博物馆的标志融入文创产品的研发设计。台北“故宫博物院”不仅利用博物馆标志研发了一系列文创产品，还在其所有的文创产品上印制了统一的博物馆标识。另外，还要提升品牌的服务意识，重视品牌的建设和管理，形成良好的品牌形象。

（二）重视文创产品包装，保持对文化的敬畏

博物馆文创产品的包装是博物馆文化的一部分，也是博物馆整体文化形象的部分体现。[②] 目前，我国大多数博物馆文创产品的包装较为简陋，在一定程度上降低了公众对博物馆的关注度和兴趣，也影响着消费者购买博物馆文创产品的欲望。因此，博物馆文创产品的包装设计要在适度包装的前提下，体现其文化附加值。台北“故宫博物院”的每件文创产品都有精致的包装，并在包装上附上文创产品的创意来源以及文物的历史故事和文化价值，使其更好地发挥博物馆的

① 徐燕：《博物馆文化产品开发设计研究》，《艺术评论》2015年第11期，第129～131页。

② 张尧：《基于博物馆资源的文化创意产品开发设计研究》，硕士学位论文，苏州大学，2015。

教育功能。

在博物馆文创产品的开发设计中，应尊重文物和历史，不能为了实现经济利益而设计有损博物馆形象和文化价值的产品，要时刻保持对文化的敬畏之心。台北“故宫博物院”推出的“朕知道了”纸胶带大火后，网友建议顺势推出系列胶带，如“贱人就是矫情”“臣妾做不到啊”等，但这些都被台北“故宫博物院”拒绝了，因为“朕知道了”确实是出自台北“故宫博物院”馆藏康熙皇帝的朱批，而后者却是出自影视剧作品。由此可见，只有尊重文物和历史，始终保持对文化的敬畏，才能促进博物馆文化创意产业的可持续发展。

（三）建立互动式文化体验，加强知识产权保护

笔者通过现场口头调研发现，超过一半的消费者认为，在购买文创产品时，他们无法参与文创产品的设计和制作过程，只能被动地接受博物馆文化，消费者的精神需求不能得到完全满足。[①] 因此，在博物馆文创产品的设计中，应加入体验式设计，增强消费者的互动体验，利用地域性材料设计组装类产品，使消费者既能深刻感悟博物馆文化又能感受独特的地域文化。如，2016 年，苏州博物馆和太湖窑陶瓷艺术中心联合推出“先民的印记——良渚时期陶器制作体验活动”。通过此次活动，公众可以了解祖先的制陶工艺，亲手制作手工陶器，体会史前人类的智慧。

我国在博物馆文化创意产业的发展过程中，经常出现版权、专利权、商标权等知识产权侵权纠纷案件。对于博物馆来说，一方面，要强化知识产权保护意识，及时注册商标，申请专利，完善自身职能部门的建设；另一方面，很有必要优化博物馆文创产品的合同审批程

① 吴春晖、范文静：《博物馆文创产品开发研究——以北京故宫博物院为例》，《北京印刷学院学报》2019 年第 4 期，第 37～41 页。

序，保护好其知识产权。如，2018 年北京故宫博物院“俏格格”系列文创产品就曾陷入侵权风波，导致紧急下架停售，对北京故宫博物院的品牌形象造成了一定的负面影响。因此，博物馆应完善相关法律制度，系统地登记博物馆的相关知识产权。

（四）培养复合型专业人才，利用文创大赛推动创新

人才是第一资源，目前，我国大多数博物馆缺乏既熟悉博物馆藏品文化内涵又了解文创产品设计开发的复合型人才，以致研发出的大多数文创产品缺乏独特的文化内涵，不能完美地反映博物馆的特色，也难以满足消费者的需求。鉴于此，博物馆可以通过开设培训课程的方式，培养符合发展要求的复合型人才。如台北“故宫博物院”从 2009 年起每年都会举办一次为期半年的“文创产业研习营”，为博物馆文化创意产业的发展培养复合型实用人才。

文创产品设计大赛是博物馆了解市场需求、吸收新创意、选择新材料、表达新思路的途径之一。[①] 我国博物馆可以充分利用广大人民群众的智慧，向社会广泛征集优秀的创意，有效地改善博物馆文创产品开发设计创意匮乏的现象，推出满足公众需求的、受欢迎的文创产品。自 2010 年以来，台北“故宫博物院”每年都会举办不同主题的文创产品设计大赛，到 2019 年已经举办了八届，备受消费者欢迎的“翠玉白菜”伞、“艺术就是生活”布包、“朕知道了”纸胶带等文创产品就是通过举办博物馆文创产品设计大赛产生的。

（五）动员社会力量参与，鼓励资金多元化

近年来，我国越来越重视博物馆文化事业的发展，相关部门更是通过财政和税收优惠加大了对博物馆文化事业的扶持力度，但是，专项资

---

① 张小攀：《我国博物馆文化产品营销策略研究》，硕士学位论文，广西师范大学，2016。

金的投入不足，博物馆文化创意产业的发展仍面临资金困难。为解决这一难题，博物馆可以通过众创或众筹等多种形式拓宽资金渠道，动员社会力量参与，鼓励资金多元化。国外大多数博物馆除了门票和文创产品的收入外，最重要的资金来源就是社会的赞助或捐赠。社会中的机构或者个人可以向博物馆捐款或者捐物，抑或为博物馆提供特定的服务或帮助。美国大都会博物馆 80% 的馆藏都是来源于捐赠，2019 年翁同龢后人更是向美国波士顿博物馆捐赠 183 件文物，包括 130 幅绘画、31 幅书法、18 件拓片及 4 件织绣，横跨 13 个世纪 5 个朝代。

因此，除了将博物馆文化创意产业列入博物馆文化事业发展中，争取国家财政资金支持外，还应努力形成多元化的资金投入模式，通过众筹、众创等方式鼓励社会资本参与，设立博物馆文创产品开发专项资金，促进博物馆文创产品的研发。

六　结语

在未来设计和开发博物馆文创产品的过程中，必须要注意品牌建设的重要性，培养和引进专业人才，与新时代科学技术相融合，在深度挖掘馆藏文物文化内涵的基础上，根据不同博物馆的特点，设计出独特、美观而又具有实用价值的文创产品。充分了解国内外博物馆文创产品的开发现状，认真研究相关政策，努力做到重视博物馆文化创意产业的发展，结合自身实际情况，不断探索符合自身发展的道路，以促进博物馆文化创意产业的发展。

Abstract

The security of cultural industry is the basis of the development of cultural industry and the inherent requirement of ensuring the sustainable development of cultural industry and national cultural security. With the development of economy, the importance of cultural industry in national economy is increasing everyday. The cultural and industrial attributes of cultural industry determine its important influence on national strategic security, and also determine the important role of cultural industry security.

This report systematically analyses and comprehensively expounds the situation of China's cultural industry security in the form of annual report. This report uses the theory of industrial economics and the method of statistical analysis to analyze and explore the impact of cultural industry development trend on cultural industry security, and puts forward corresponding countermeasures and suggestions. The data source of this report is obtained through the national and local statistical yearbooks. The data are reliable. The scope of the data inherits the data statistics reported in the previous year and extends to December 2018. This report can fully reflect the development trend of cultural industry security in this year, so as to put forward the development of cultural industry. Thus, a strategic plan for the development of cultural industry can be put forward for reference.

This report is divided into three parts: general report, special topics and case studies. The general report analyses the current situation of China's cultural industry security in the period of 2018 – 2019 from four aspects: the domestic environment of cultural industry security, the external dependence of cultural industry, the competitiveness of cultural industry and the control power of cultural industry.

The second part of this report is the special topics, which explores the industrial security issues of the press and publishing industry, the game industry and the national sports and cultural industry, the innovation of cultural brand and knowledge management. In the analysis of press and publishing industry, using the relevant data from the United Nations Merchandise Trade Database, this paper analyses the current situation of publications trade between China and ASEAN from three angles of total trade volume, trade structure and trade region, and finds that there exists trade structure and trade regional imbalance in publications trade between China and ASEAN. The causes of the problems are further analyzed. In the analysis of the game industry, combined with questionnaires, this paper discusses the introduction of the game, the object of the game, the impact of the game on the public and its impact on the safety of the cultural industry, analyses the results of the survey report, and comprehensively discusses the relationship between the game and the cultural industry, as well as the current situation and development. Trend. In the analysis of national sports culture industry, Chinese traditional sports culture, as a part of traditional culture, is particularly important to the industrialization of national sports culture and the safety of national sports culture in the process of transformation from a cultural power to a cultural power. Under the strong attack of globalization, Maintain their own personality, enhance competitiveness, and then promote the overall economic development of the country.

The third part of this report is the case studies, which analyses the development of leisure culture industry for the elderly, the legislation of cultural industry development, the development of creative products, Taking Beijing as an example, in order to meet the changing leisure needs of the elderly in the future, we must attach importance to the planning of leisure space and facilities for the elderly, establish a demand-oriented planning mechanism for leisure space and facilities for the elderly, and make every effort to expand community leisure space and fully develop community leisure functions. Taking Zhejiang Province as an example, the Regulations on Promoting Cultural Industries in Zhejiang Province should be both executive, autonomous and scientific under the condition of carefully examining and extracting the positive elements and regular contents of existing legal texts, reasonably evaluating and grasping the effectiveness and shortcomings of local legal texts in normative design and application. To set up the supporting elements of cultural industry in Zhejiang Province in such aspects as cultural resources, talents, funds, science and technology, market development, Park conditions, creative image, fiscal and taxation, industrial supervision and market regulation, and to construct a relatively complete value chain, incentive and restraint mechanism, supervision and evaluation mechanism of cultural industry. In terms of legislative purposes, we should specify more clearly the multiple objectives of core values, cultural prosperity and market efficiency; in legal principles, we should not only embody the general requirements of cultural law, but also combine the characteristics of cultural industries to highlight the orientation of industrial security and promote the perfection of elements; in legal system, we should be more in line with modern production. The characteristics of industrial integration development, the protection of citizens 'cultural rights and enterprises' autonomous rights, the strengthening of government regulatory responsibilities and safeguard obligations, and the improvement of accountability mechanisms. Taking the Taipei Palace Museum as an example, this paper explores the development path of cultural and creative products of museums in China based on the development experience of cultural and creative undertakings of Taipei Palace Museum for many years, hoping to contribute to the development and design of cultural and creative products of museums in other regions of China and the growth of cultural and creative industries of museums.

This report upholds the idea of providing high-quality content for practitioners in various fields of cultural industry, management institutions of cultural industry and students of relevant specialties in Colleges and secondary schools. It emphasizes high quality, broad vision and multi-perspective, and combines closely the policy analysis of cultural industry with the dynamic study of cultural industry security, which is professional and comprehensive. And other characteristics.

Keywords: Cultural Industry; Industrial Security; "The Belt and Road"

Contents

Ⅰ General Report

Abstract: the cultural industry has become a pillar industry of the national economy. Under the trend of "one belt and one road" initiative and the trend of economic globalization, the safety of cultural industry is faced with opportunities and challenges from home and abroad. The general report makes a general analysis of the basic situation of China's cultural industry security from 2018 to 2019 from four dimensions: the domestic environment of cultural industry security, the external dependence of cultural industry, the competitiveness of cultural industry and the control of cultural industry, and judges the state of China's cultural industry security.

Keywords: Cultural Industry; Industry Security; The External Dependence; The Control of Foreign Capital Dependence

Ⅱ Special Topics

Abstract: After the implementation of "The Belt and Road", China's publication trade in the ASEAN region has gained new opportunities for development. Based on the relevant data in the UN Comtrade Database, this paper analyzes the current situation of China's publication trade in the ASEAN region from the perspectives of trade volume, trade structure and trade region, and finds that the trade structure and the trade region are unbalanced. Following the paper analyzes the causes of the problems, and finally offers some proposals for the promotion of publication trade in the ASEAN region from the aspects of the government and publishing companies.

Keywords: Publications; ASEAN; Trade

Abstract: In recent years, with the rapid development of Internet industry and constantly improve people's material life level, people in increasing requirement for living and entertainment, cultural industry of our country in the trend of social development has also been a lot of impact, is one of the biggest influence from the game, it gradually became an indispensable part of life. In this paper, we combine our research team made questionnaire, mainly from the game in the introduction, the object of the game, the influence of mass and its influence on cultural industry security four aspects, analyzes the survey results, fully discusses the game and the relationship between culture industry and the current situation and development trend.

Keywords: Game; Culture Security; Cultural Industry

B. 4 Security of National Sports Cultural Industry

Liu Tongxia, Li Yanan and Wang Yuehe / 060

Abstract: Today, the development level of the sports cultural industry has become an important means of judging the strength of a country and one of the important factors affecting the overall economy. As a part of traditional culture, traditional Chinese sports culture is particularly important in the process of China's transition from a cultural nation to a cultural power. This report analyzed the historical background of Chinese national sports culture change and development in the context of globalization, and discussed how to deal with the impact of the international sports industry against the background of globalization from the perspective of cultural security, especially about how to retain their individuality, improve competitiveness, and promote the comprehensive development of the national cultural industry, etc., so as to put forward feasible strategies and recommendations.

Keywords: National Sports; Cultural Industry; Cultural Industry Security

Ⅲ Case Studies

Abstract: Restricted by historical factors and the existing urban planning space, the old people's leisure space in the inner city of Beijing is limited. The green space of parks is unbalanced with the distribution of the elderly population, and there are many problems in the construction and management of public leisure parks. There is a contradictions between the urban elderly service facilities and the leisure needs of the elderly society. In order to meet the changing leisure needs of the elderly in the future, Beijing must attach importance to the planning of leisure space and facilities for the elderly, establish a demand-oriented planning mechanism for leisure space and facilities for the elderly, and make every effort to expand community leisure space and fully develop community leisure functions.

Keywords: Leisure Culture Space; Leisure Satisfaction; Urban Planning; Beijing

Abstract: Promoting legislation of cultural industry is an important guarantee and necessary way to promote the vigorous development of cultural industry. Zhejiang Province is actively building a strong cultural province. Cultural industry has a good development trend and a solid industrial foundation. The effect of industrial agglomeration is more and more obvious. It is very prominent and urgent in the legislative needs of cultural industry development. At the same time, even if the basic law of "Promotion Law of Cultural Industry" is about to be considered and passed, based on Provincial legislative powers, local legislatures have legislative space to adapt to local conditions in the active industrial promotion. Local legislation in some provinces and municipalities can even "try first" according to law. The only way to promote cultural industry is to change and promote from policy to institutionalization and legalization. Therefore, it is necessary to carefully examine, analyze and extract the positive elements and effective contents of existing legal texts, and scientifically judge the effectiveness and shortcomings of existing laws and policies in promoting the development of cultural industries. The Regulations on the Promotion of Cultural Industry in Zhejiang Province should be both enforceable and autonomous. The cultural industry in Zhejiang Province should be more diversified in terms of cultural resources, talents, funds, science and technology, market development, Park conditions, creative image, fiscal and taxation, industrial supervision and market regulation. In principle, it should be designed on the basis of the legal principles of cultural law and the characteristics of industry. In the legal system, it should cater to the needs of the times, safeguard citizens' cultural rights, strengthen government responsibilities and obligations, and improve the accountability mechanism.

Keywords: Cultural Industry; Industrial Promotion Law; Local Legislation; Zhejiang Provincial Regulations on Promotion of Cultural Industry; Value Chain of Cultural Industry

Abstract: In recent years, many museums in China have launched various kinds of creative products, which have changed the monotonous and dull situation in the past. Even some excellent creative products become "market explosion" or "internet celebrity". Taking the Taipei Palace Museum as an example, this paper studies the development of cultural and creative products of the museum. Firstly, the article combs the development process, development mode and sales status of cultural and creative products in Taipei Palace Museum. Secondly, it summarizes the existing problems in the development of cultural products of the Taipei Palace Museum, such as: lack of creativity, lack of market research, and low practicability of products. And put forward the corresponding countermeasures and suggestions, such as: increasing the depth of development, integrating new era science and technology, strengthening market research. On this basis, combined with the development experience of many years of cultural and creative undertakings of the Taipei Palace Museum, this paper explores the development path of cultural and creative products of museums in China. It is hoped that it will contribute to the development and design of cultural and creative products in museums in other regions of China and the growth of cultural and creative industries in museums.

Keywords: Taipei Palace Museum; Cultural Creative Products; Recommendations

皮书

智库报告的主要形式
同一主题智库报告的聚合

皮书定义

皮书是对中国与世界发展状况和热点问题进行年度监测，以专业的角度、专家的视野和实证研究方法，针对某一领域或区域现状与发展态势展开分析和预测，具备前沿性、原创性、实证性、连续性、时效性等特点的公开出版物，由一系列权威研究报告组成。

皮书作者

皮书系列报告作者以国内外一流研究机构、知名高校等重点智库的研究人员为主，多为相关领域一流专家学者，他们的观点代表了当下学界对中国与世界的现实和未来最高水平的解读与分析。截至 2020 年，皮书研创机构有近千家，报告作者累计超过 7 万人。

皮书荣誉

皮书系列已成为社会科学文献出版社的著名图书品牌和中国社会科学院的知名学术品牌。2016 年皮书系列正式列入“十三五”国家重点出版规划项目；2013~2020 年，重点皮书列入中国社会科学院承担的国家哲学社会科学创新工程项目。

S 基本子库

UB DATABASE

中国社会发展数据库（下设 12 个子库）

整合国内外中国社会发展研究成果，汇聚独家统计数据、深度分析报告，涉及社会、人口、政治、教育、法律等 12 个领域，为了解中国社会发展动态、跟踪社会核心热点、分析社会发展趋势提供一站式资源搜索和数据服务。

中国经济发展数据库（下设 12 个子库）

围绕国内外中国经济发展主题研究报告、学术资讯、基础数据等资料构建，内容涵盖宏观经济、农业经济、工业经济、产业经济等 12 个重点经济领域，为实时掌控经济运行态势、把握经济发展规律、洞察经济形势、进行经济决策提供参考和依据。

中国行业发展数据库（下设 17 个子库）

以中国国民经济行业分类为依据，覆盖金融业、旅游、医疗卫生、交通运输、能源矿产等 100 多个行业，跟踪分析国民经济相关行业市场运行状况和政策导向，汇集行业发展前沿资讯，为投资、从业及各种经济决策提供理论基础和实践指导。

中国区域发展数据库（下设 6 个子库）

对中国特定区域内的经济、社会、文化等领域现状与发展情况进行深度分析和预测，研究层级至县及县以下行政区，涉及地区、区域经济体、城市、农村等不同维度，为地方经济社会宏观态势研究、发展经验研究、案例分析提供数据服务。

中国文化传媒数据库（下设 18 个子库）

汇聚文化传媒领域专家观点、热点资讯，梳理国内外中国文化发展相关学术研究成果、一手统计数据，涵盖文化产业、新闻传播、电影娱乐、文学艺术、群众文化等 18 个重点研究领域。为文化传媒研究提供相关数据、研究报告和综合分析服务。

世界经济与国际关系数据库（下设 6 个子库）

立足“皮书系列”世界经济、国际关系相关学术资源，整合世界经济、国际政治、世界文化与科技、全球性问题、国际组织与国际法、区域研究 6 大领域研究成果，为世界经济与国际关系研究提供全方位数据分析，为决策和形势研判提供参考。

法律声明